Johannes Eckert

hoch
und
heilig

Johannes Eckert

hoch
und
heilig

Gipfelbotschaften
aus dem Matthäus-
Evangelium

Kösel

Dankbar für treue Wegbegleiter,
deren Freundschaft mir hoch und heilig ist,
sei ihnen dieses Buch gewidmet.

Verlagsgruppe Random House FSC® N001967

Copyright © 2016 Kösel-Verlag, München,
in der Verlagsgruppe Random House GmbH,
Neumarkter Str. 28, 81673 München
Umschlag: Weiss Werkstatt München
Umschlagmotiv: Dr. Kurt Jakobus, Herrsching
Textredaktion: Dr. Peter Schäfer, Gütersloh (www.schaefer-lektorat.de)
Satz: Leingärtner, Nabburg
Druck und Bindung: GGP Media GmbH, Pößneck
Printed in Germany
ISBN 978-3-466-37165-5
www.koesel.de

Dieses Buch ist auch als E-Book lieferbar.

Inhalt

Berge als Wege zu Gott …

»Hoch und heilig« sind in vielen Religionen die Gipfel der Berge. Stets haben diese den Menschen fasziniert, vermitteln sie doch den Eindruck, dass man auf ihren Spitzen dem Himmel und damit dem Göttlichem näherkommt. Bisweilen in Wolken gehüllt, galten die Berggipfel in vielen Kulturen als Wohnorte der Götter. Heilige Berge, auf denen Elemente wie Luft, Sonnenlicht oder Erde besonders verehrt wurden und auf deren Gipfeln den Göttern geopfert wurde, finden sich in allen Weltregionen: etwa der griechische Olymp, der Kilimandscharo in Afrika, der Mount Everest als höchster Gipfel des Himalayas oder der peruanische Ampato, um nur einige wenige aus ihrer stattlichen Zahl zu nennen. Es scheint zu stimmen, was auf einem Grabkreuz auf dem Johnsdorfer Bergsteigerfriedhof in der Steiermark geschrieben steht und vom langjährigen Bischof von Innsbruck Reinhold Stecher (1921–2013), der selbst ein leidenschaftlicher Bergsteiger war, immer wieder zitiert wurde: »Viele Wege führen zu Gott. Einer geht über die Berge.«

… in der Bibel

Auch in der Bibel führen viele Wege über die Berge zu Gott. Am Sinai wurde Mose im brennenden Dornbusch Gottes Name kundgetan (vgl. Ex 3,2). Während der Wüstenwanderung schlug er im Auftrag Gottes hier Wasser aus dem Felsen (vgl. Ex 17). Schließlich nahm er auf dem Gipfel des Sinai die Zehn Gebote entgegen, die für Israel zur Wegweisung wurden (vgl. Ex 20). Später erfuhr der Prophet Elija auf dem Horeb, wie der Sinai auch genannt wird, Gottes zarte Gegenwart in einem sanften Säuseln (vgl. 1 Kön 19).

Neben dem Sinai hat der Zionsberg in Jerusalem eine herausragende Bedeutung. In den Psalmen wird er besungen als schönster der Berge, sodass die anderen Gipfel, auch wenn sie höher sind, voll Neid auf ihn blicken (vgl. Ps 68). Mit dem Bau des ersten Tempels durch Salomo wurde er zum Ort der besonderen Nähe Gottes, sodass er für die Stämme Israels zum Ziel einer jährlichen Wallfahrt wurde (vgl. 1 Kön 5). Der Prophet Jesaja berichtet in einer Vision, dass am Ende der Zeiten auf dem Zionsberg Gott selbst als Gastgeber ein Festmahl geben wird, zu dem alle Völker geladen sind (vgl. Jes 25).

Auch der Karmel, ein Gebirgsrücken im Norden Israels, ist als Wirkungsstätte der Propheten Elija und Elischa ein Ort, auf dem Gottes heilende Nähe erfahrbar wurde (vgl. 1 Kön 18,19; 2 Kön 4,25). Im Hohelied wird er als Bild für Lebensfülle besungen (vgl. Hld 7,5).

So verwundert es nicht, dass der Gott Israels als »Gott der Berge« tituliert wird (vgl. 1 Kön 20,23). Dies wiederum könnte in Zusammenhang mit dem Gottesnamen »El-Schaddai« stehen, der beim Bundesschluss zwischen Abraham und Gott verwendet wird (vgl. Gen 17). Das Wort »schaddai« leiten einige Exegeten von »schedu« (»Berg«) bzw. vom Verb »schaddad« (»sich erheben«) ab und übersetzen den Gottesnamen daher mit »Gott der Erhabene« oder »Gott der Höchste«. Andere sehen die Herkunft von »schaddaju« (»Bergbewohner«) und sprechen vom »Gott der Berge«.

Wenn die Evangelien davon berichten, dass Jesus Berggipfel aufsuchte, dann wird er ganz in die Tradition der alttestamentlichen Gottesmänner wie Mose, Elija und Elischa gestellt. Im Markusevangelium wählt Jesus die zwölf Apostel als besondere Weggefährten auf einem Berg aus (vgl. Mk 3,13–19). Im Matthäusevangelium hält er von einem Gipfel aus seine erste große Rede, die daher als Bergpredigt betitelt wurde (vgl. Mt 5–7). Auf einen Gipfel zieht Jesus sich zurück, um sich in der Einsamkeit zu sammeln und zu beten (vgl. Mt 14,22–33). Auf dem namenlosen Berg der Verklärung, der in der christlichen Tradition mit dem Tabor gleichgesetzt wird, erlebt Jesus einen der intensivsten Momente seines Lebens (vgl. Mt 17,1–9). Seine Auferstehung wird offenbart. Am Ölberg nahe Jerusalem betet er in der Nacht vor seinem Tod (vgl. Lk 22,39). Auf der Schädelhöhe, die auch Golgota oder Kalvarienberg genannt wird, stirbt er am Kreuz (vgl. Mk 15,22).

Es fällt auf, dass die Evangelien – außer dem Ölberg und der Schädelhöhe Golgota – die Berge, die Jesus aufsucht, nie mit

Namen benennen. Das hat einen ganz besonderen Grund: Berge haben meist eine symbolische Bedeutung, indem sie Höhepunkte im Leben Jesu anzeigen bzw. ihn ganz in der Tradition alttestamentlicher »Gipfelstürmer« in die Nähe des Vaters rücken.

… im Leben Benedikts

Auf dieser biblischen Grundlage erstaunt es nicht, dass auch das Christentum heilige Berge kennt. Gerade Benediktinerklöster liegen häufig auf Anhöhen, wenn wir etwa an Göttweig in Österreich, Engelberg in der Schweiz, Pannonhalma in Ungarn, Marienberg in Südtirol, Montserrat in Katalonien oder an unser Kloster Andechs denken.

»Benedictus amavit montes« (»Benedikt liebte die Berge«) heißt es in einem lateinischen Vers des Mittelalters, in dem die Lieblingsorte der unterschiedlichen Ordensgründer beschrieben werden. Diese Bergleidenschaft des Mönchsvaters gründet in seiner Lebensbeschreibung, die Papst Gregor der Große (540–604) überliefert hat. Hier wird erzählt, dass Benedikt als junger Mann sein Studium in Rom abbrach, um zunächst die Einsamkeit einer Höhle bei Subiaco zu suchen. Drei Jahre lebte er dort völlig zurückgezogen unterhalb eines Sees (lat. »sub lacum«). Nachdem Benedikt von Hirten der Gegend entdeckt worden war, kam er wieder auf die Oberfläche des Geschehens zurück, d.h. er kehrte zurück ins Leben. Nach der Gründung von zwölf Klöstern und einem Konflikt mit einem ortsansässigen Priester verließ Benedikt Subiaco und machte sich auf den Weg zum Monte Cassino, von dem Papst Gregor berichtet: »Sein Gipfel ragt gleichsam in den Himmel.« Dort zerstörte der Mönchsvater ein heidnisches Heiligtum des Gottes Apollo und errichtete darauf sein Kloster als Stadt auf dem Berg (vgl. Mt 5,14). Nachdem Benedikt in einem Turm des Klosters, also auf der äußersten Höhe, in einer nächtlichen Vision Gottes Gegenwart erleben durfte, stirbt er. Papst Gregor der Große beschreibt, wie zwei seiner Mönche in einem Traumgesicht eine hell erleuchtete Straße vom Kloster in den Himmel aufsteigen sahen und ihnen ein Mann von ehrfurchtsgebietendem Aussehen erklärte: »Dies ist der Weg, auf dem Benedikt, den der Herr liebt, zum Himmel emporsteigt.«

Eigentlich wird in der Lebensbeschreibung ein geistlicher Weg beschrieben: Das Leben als Aufstieg zum Gipfel, zum Höhepunkt. Dieser beginnt mit der Abkehr vom oberflächlichen Leben, indem der Ort der Tiefe und der Sammlung gesucht wird. Dafür steht sowohl die Höhle als auch der See, in dem sich die Quellwasser der Berge sammeln. Benedikt geht also gegen den Strom und sucht die Quellen sowie den Ort der Sammlung. Für drei Jahre, also eine Zeit der Fülle, geht er in die Tiefe. Auf diese Weise innerlich gefestigt, führt der Weg aus der Höhle über die Ebene zum Gipfel, dem Ort der Gottesbegegnung. Letztlich wird der Heimweg des Menschen zu Gott beschrieben, gleichsam als Ziel und Höhepunkt des Lebens.

Benedikt nimmt diesen Gedanken in seiner Regel auf, wenn er im letzten Kapitel das Ziel seines Werkes erläutert: »Diese Regel haben wir geschrieben, damit wir durch ihre Beobachtung in unseren Klöstern eine dem Mönchtum einigermaßen entsprechende Lebensweise oder doch einen Anfang im klösterlichen Leben bekunden. Für den aber, der zur Vollkommenheit des klösterlichen Lebens eilt, gibt es die Lehren der heiligen Väter, deren Beobachtung den Menschen zur Höhe der Vollkommenheit führen kann (…). Wenn du also zum himmlischen Vaterland eilst, wer immer du bist, nimm diese einfache Regel als

Anfang und erfülle sie mit der Hilfe Christi. Dann wirst du schließlich unter dem Schutz Gottes zu den oben erwähnten Höhen der Lehre und der Tugend gelangen« (RB 73,1–2; 8–9).

… in meinem Erleben

Nicht nur Benedikt liebte die Berge. Auch heute noch gehen viele Menschen gerne in die Berge, so auch ich. Wenn es die Zeit zulässt, nutze ich einen freien Tag, um einen nahe gelegenen Berggipfel zu ersteigen. Gerne verbringe ich meinen Urlaub mit Wandern im Gebirge. Dabei begnüge ich mich mit ausgedehnten Wander- und einfachen Klettertouren. Schon als Kind haben mir meine Eltern die Liebe zu den Bergen vermittelt. Wenn ich von München oder Andechs aus die Alpenkette im Süden sehe, kommt es mir manchmal vor, als würden mich die Gipfel aus der Ferne grüßen und mich einladen, erneut den Perspektivenwechsel zu vollziehen. Dabei kommt mir der Psalmvers in den Sinn: »Ich hebe meine Augen auf zu den Bergen, woher kommt mir Hilfe?« (vgl. Ps 121,1). Mir gefällt der Gedanke, dass die Berge uns dabei helfen, manches wieder klarer oder sogar mit neuen Augen sehen zu können. Wir sagen ja auch manchmal »Der Berg ruft!« und meinen damit, dass er eine besondere Anziehungskraft auf uns ausübt.

Berge haben schon immer Menschen fasziniert und zum Aufbruch motiviert. Manches gilt es, dabei hinter sich und loszulassen. Nur das Notwendige kann in den Rucksack gepackt werden. Alles andere bleibt zurück. Beim Aufstieg wird der Mensch ruhig und findet im Wechsel von Ein- und Ausatmen Schritt für Schritt zu seinem Tempo. Berge lassen den Menschen seine

Kraft und Schwäche spüren. Zum Berg gehören das stille Verweilen, das Durchatmen und die Stärkung dazu. Bei einer Rast im Sonnenschein auf einer Almwiese kann das beglückende Einswerden mit der Schöpfung erfahren werden. Die Natur kann aber auch ihr bedrohliches Gesicht mit Kälte, Regen, Blitz und Donner zeigen und im plötzlich aufziehenden Gewitter dem Menschen sein Ausgeliefertsein an höhere Gewalten vor Augen führen. In der Kargheit der Landschaft sowie in der Schroffheit von Felsen und Eis wird der Mensch an seine Grenzen geführt und kann gleichzeitig etwas von der Sehnsucht nach dem Grenzenlosen erspüren.

Bisweilen sind Trittsicherheit und Schwindelfreiheit erforderlich. Auch daran wird deutlich, wie oft wir im Leben Herausforderungen ausgesetzt sind, die es vorsichtig Schritt für Schritt zu meistern gilt. Die Freude an neuen Perspektiven, wenn man Aussichten ins Tal genießt, gehört ebenso dazu wie das Aufkommen von Ängsten, nicht mehr weiterzukönnen, weil die Kraft fehlt. Eine ebenfalls wichtige »Bergerfahrung« ist, an bestimmter Stelle nicht mehr weiterzukommen, da der Schwierigkeitsgrad einer Felswand das eigene Können übersteigt.

Zum Berg gehören auch die Stille und das Schweigen, das Staunen und Genießen. »Berge sind stille Meister und machen schweigsame Schüler«, meinte Goethe (1749–1832). Schritt für Schritt lässt man beim Aufstieg die Täler und Abgründe hinter sich, um dem Gipfel näher zu kommen. So weitet sich der Blick, bis sich schließlich am Gipfel das ganze Panorama zeigt. Mit der Aussicht am Gipfel kann sich auch das Herz weiten, sodass sich ein unbeschreibliches Gefühl von Glück und Dankbarkeit einstellt. Gipfelerlebnisse sind Höhepunkte des Lebens und Augenblicke tiefer Einsicht. Letztlich wird erfahrbar, dass beim Erreichen natürlicher Grenzen das Grenzenlose, dass in der Betrachtung der Weite das Unbegreifliche, dass in der Erfahrung der Stille dass Unbeschreibliche, dass in dem Erleben der Tiefe das Unergründliche uns nahe tritt. Berge sind Orte der Transzendenz, an denen der Mensch seine eigene Existenz übersteigen kann. Selbstredend gehören der Abschied vom Gipfel, der Abstieg ins Tal und die Rückkehr in den Alltag dazu. Dies kann bisweilen mühsamer als der Aufstieg sein. Während man beim Aufstieg dem Berg zugewandt geht, bietet der Abstieg dagegen nochmals neue Aussichtspunkte und Perspektiven. So kommt man vom Berg immer als Veränderter nach Hause zurück.

Der Abt eines Benediktinerklosters, das in einem engen Tal von Bergen umgeben liegt, erzählte mir einmal von einem seiner Vorgänger. Von Zeit zu Zeit wäre dieser, wenn die Alltagsprobleme zu sehr an seinen Kräften zehrten und ihm über den Kopf wuchsen, auf einen der benachbarten Gipfel gestiegen, um zu sehen, wie klein doch eigentlich sein Kloster sei. Am Berg erahnen wir etwas davon, was echte Größe ist, was wirklich wichtig und letztlich entscheidend im Leben ist. Oft helfen die Gipfelbilder, manches Enge und Verworrene im Alltag neu und mit anderen Augen zu sehen, zumindest bis zum nächsten Aufbruch. Letztlich kommen wir am Berg dem nahe, was uns »hoch und heilig« ist. Das ist eine Erfahrung, die wahrscheinlich auch Jesus machte, und zwar immer wieder.

… im Matthäusevangelium

Im Matthäusevangelium sind es sechs namenlose Berge, auf die Jesus hinaufsteigt. Im Blick auf die Topografie Galiläas waren es selbstredend eher Hügel.

Wenn bei Matthäus Jesus so häufig auf einem Gipfel zu finden ist, dann verbindet der Evangelist damit ein besonderes Anliegen. Er schreibt für eine judenchristliche Gemeinde ca. 90 n. Chr., die noch in der jüdischen Tradition verwurzelt ist. Doch dabei treten Probleme auf. So stellt sich die Frage, wie die Gemeinde mit Heiden umgehen soll, mit Gläubigen, die nicht aus der Tradition des Volkes Israel kommen, aber trotzdem Christen werden wollen. Gelten für sie z. B. auch die Vorschriften des Gesetzes, die Gott auf dem Sinai seinem Volk gegeben hat? Müssen sie zunächst Juden werden, indem sie sich beschneiden lassen? Hinzu kommt, dass sich Teile der Gemeinde von den jüdischen Wurzeln abwenden und diese als überkommen verurteilen, indem sie sich darauf berufen, dass Jesus völlig neue Wege eingeschlagen habe.

Um der Einheit willen ist es dem Evangelisten Matthäus ein besonderes Anliegen, Jesus als frommen Juden darzustellen, der einerseits in der Tradition seines Volkes beheimatet ist, der sich aber andererseits auch allen anderen Menschen öffnet, die mit ihren Fragen und Nöten zu ihm kommen. Dabei spielt Mose als Vorbild eine wichtige Rolle. Wie dieser als Führer Israels sich immer wieder auf den Berg Sinai begab, so steigt auch Jesus im Matthäusevangelium öfters auf einen Gipfel. Mose hatte am Sinai den Gottesnamen »Jahwe – Ich bin der ich bin da!« geoffenbart bekommen. Dieses Namensprogramm Jahwes wird nun in Jesus Mensch. Er ist der Immanuel, der »Gott mit uns«, wie er zu Beginn des Evangeliums vorgestellt wird (vgl. Mt 1,23) und sich am Ende auf einem Berg selbst deklariert (vgl. Mt 28,20). Jesus ist gleichsam die unmittelbare und lebendige Auslegung der Thora, die Mose auf dem Sinai empfangen hatte, ja, Jesus ist ihre Erfüllung, wie er selber von sich bei der Bergpredigt sagt (vgl. Mt 5,17). Er ist der geliebte Sohn des Vaters, auf den die Gemeinde hören soll (vgl. Mt 17). So lautet die Anweisung auf dem Berg der Verklärung wiederum in Analogie zu Mose, der seinem

Volk auf der Wüstenwanderung das Hören auf Gottes Stimme ans Herz legt (vgl. Dtn 6,4). Diese frohe Botschaft kann aber nicht auf das Volk Israel beschränkt bleiben. Der Auferstandene will, dass sie allen Menschen verkündet wird, sodass die Jünger in der letzten Bergszene bei Matthäus zur Verkündigung ausgesandt werden (vgl. Mt 28,16–21). Dazu ist die Gemeinde als Licht der Welt und Stadt auf dem Berg berufen (vgl. Mt 6,14).

Dem aufmerksamen Leser wird vielleicht auffallen, dass bei dieser Bergtour der Zionsberg in Jerusalem keine größere Beachtung findet. Selbstredend spielt er in der Frömmigkeit Israels eine wichtige Rolle, wenn wir etwa an die Wallfahrtspsalmen oder die eschatologischen Bilder bei Jesaja denken. Im Matthäusevangelium ist das nicht der Fall, da der Evangelist die Analogie zwischen Mose und Jesus herausstellen will: Hierfür steht der Sinai.

… für unseren Lebensweg

Ein älterer Pfarrer meinte einmal zu mir, als er Andechs besuchte: »Wer auf dem Gipfel steht oder wohnt, der ist auf der Höhe!« Unter diesem Gesichtspunkt scheint es lohnenswert und interessant zu sein, die Ereignisse auf den sechs namenlosen Gipfeln des Matthäusevangeliums genauer zu betrachten. Sie bilden Höhepunkte im Leben Jesu, deren Gipfelbotschaften uns zum Perspektivenwechsel einladen.

Da Matthäus die jüdische Tradition wichtig ist, in der Jesus beheimatet ist, soll jeweils ein Gipfelmoment des Alten Bundes den einzelnen Bergszenen bei Matthäus vorgeordnet werden. So wollen wir bei den folgenden Bergtouren zunächst unterschiedlichen »Bergführern« des Volkes Israel begegnen, die uns helfen, Schritt für Schritt den richtigen Zugang und die passende Route zu finden. Mit ihrer Bergerfahrung sind sie gleichsam Wegweiser zu den Gipfeln, auf denen sich Jesus aufhalten wird. Auch diese wollen wir uns Schritt für Schritt erschließen, indem wir uns fragen: Was geschieht in den unterschiedlichen Bergszenen? Welche Auf- und Abstiegsgeschichten sind ihnen vor- und nachgeordnet? Welche Botschaften werden vermittelt?

Mit den alttestamentlichen »Bergführern« lässt sich zugleich eine Brücke zu Benedikt schlagen. Immer wieder stellt sein Biograf Papst Gregor das Leben Benedikts in Analogie zu den Vätern und Propheten des Alten Bundes dar. Damit will er aufzeigen, dass Gottes Geist, wie einst durch die Väter, auch durch Benedikt wirkte. Auch Benedikt ist ein Gottsucher auf dem Weg, der den Gipfel als Ziel im Blick behält. So sollen den Bergszenen Jesu Begebenheiten aus dem Leben Benedikts nachgeordnet werden, die beim Abstieg zur Vertiefung des Erlebten dienen. Darauf folgen zusammenführende Gipfelbotschaften, die als Fazit und Quintessenz die Erkenntnisse der jeweiligen Bergtour bündeln. Um die feste Verwurzelung des Matthäusevangeliums in der jüdischen Tradition zu unterstreichen, werden diese Gipfelbotschaften mit aktualisierenden Gedanken von Persönlichkeiten aus dem Judentum des 20. Jahrhunderts bereichert.

Der fünfte Berggipfel, der Berg der Verklärung (vgl. Mt 17,1–9), stellt gleichsam als Vorwegnahme der Auferstehung einen absoluten Höhepunkt im Leben Jesu dar. Wir könnten auch vom höchsten Gipfel des Gebirges sprechen, der diesem den Namen gibt. Dadurch wird auch der Titel dieses Buches »Hoch und heilig« verständlich, weil jetzt klar wird, wohin der Weg Jesu letztlich geht und welche Konsequenzen das für sein und unser Leben hat. Dieser fünfte Gipfel korrespondiert gleichsam mit dem letzten Berg, dem Berg der Sendung (Mt 28,16–21), mit dem

Matthäus sein Evangelium beschließt. Dort wird der Auferstandene seinen Freunden nochmals begegnen. Als nachösterliche Szene wird hier sein Vermächtnis ausgesprochen, sodass die Jüngergemeinde zur »Stadt auf dem Berg« werden kann. Zwischen beiden Gipfeln aber liegt gleichsam ein tiefer, finsterer Abgrund, das Tal des Todes, das Jesus in Jerusalem durchschreiten muss. Diese Zäsur gilt es auch in der Gliederung wahrzunehmen. Die nachösterliche Bergszene ist einerseits der Epilog des Evangeliums, weil sie gleichsam die ganze Schrift nochmals zusammenfasst. Andererseits ist sie als abschließende Gipfelbegegnung für den Leser auch ein Prolog, denn unter dem Eindruck der letzten Szene gilt es, das Gelesene in das eigene Leben zu übertragen, sodass dieses zur frohen Botschaft für die Mitwelt werden kann. Diese nachösterliche Lage des sechsten Gipfels wird dadurch betont, dass er nicht mehr von weiteren Bergszenen flankiert wird, sondern als abschließender Rück- und Ausblick dient.

Das Buch gleicht somit einer Routenbeschreibung durch eine Gebirgskette mit Gipfeln von unterschiedlicher Intensität. Dabei folgt es der Tradition der »kanonisch-allegorischen Exegese«. Das meint zum einen, dass im Blick auf die Einheit der Hl. Schrift unterschiedliche Bibeltexte zusammengeführt und miteinander in Bezug gesetzt werden. Zum anderen werden die biblischen Szenen mit ihren Metaphern und Bildern weitergehend interpretiert.

Letztlich geht es um Gottesbegegnungen am Berg, durch die wir zu dem vorstoßen, was »hoch und heilig« ist. Daher lohnt es sich immer, beim Auf- und Abstieg sich selbst zu fragen: »Was haben diese Gipfelerfahrungen *mir* zu sagen? Wie stehen sie in Verbindung mit den Höhepunkten *meines* Lebens? Was ist mir hoch und heilig? Wie können diese biblischen Bergszenen mir für meinen Glaubensweg helfen? Wie können diese Berge auch für mich Wege zu Gott sein?«

Vielleicht helfen sie uns ja wie bei einer Bergtour, wieder frei von vielem Alltäglichen zu werden und den Blick zu schärfen für das, was wirklich wichtig in unserem Leben ist. Freilich bedeutet das Auf- und Absteigen auch, Anstrengung, Grenzerfahrung, Ermüdung und Schwäche auf sich zu nehmen. Aber auch diese können wie Talstrecken tiefe Einsichten für heilsame Veränderungen bergen, wenn sie uns den Blick und das Herz weiten für unsere Mitmenschen, für unsere Umwelt, für Gott und für alles, was uns hoch und heilig ist.

1 Berg der Erprobung: Lass los!

In unserer Klostergemeinschaft haben wir einen blinden Mitbruder, der als Physiotherapeut in einem Münchner Krankenhaus arbeitet. Wenn mich am Rücken Verspannungen plagen, nehme ich dankbar seine Dienste in Anspruch. Bei der Behandlung sagt er manchmal zu mir, wenn ich zu sehr verkrampfe: »Lass los!« Obwohl ich meinem Mitbruder absolut vertraue, fällt es mir doch oft schwer, seiner Anweisung zu folgen. Und trotzdem ist das Loslassen als Ausdruck von Vertrauen die Voraussetzung dafür, dass er therapeutisch handeln, also heilend wirken kann und ich durch seinen Dienst von meinen Verspannungen befreit werde.

Loslassen und einem anderen ganz vertrauen, durch dessen Wirken wir heil werden können, ist ein starkes biblisches Thema – besonders dann, wenn Menschen von Gott berufen und in seinen Dienst genommen werden. Das ist der rote Faden, der die drei nachstehenden Szenen durchzieht.

Der Aufbruch Abrahams: Hier bin ich!

Nach diesen Ereignissen stellte Gott Abraham auf die Probe. Er sprach zu ihm: Abraham! Er antwortete: Hier bin ich. Gott sprach: Nimm deinen Sohn, deinen einzigen, den du liebst, Isaak, geh in das Land Morija und bring ihn dort auf einem der Berge, den ich dir nenne, als Brandopfer dar. Frühmorgens stand Abraham auf, sattelte seinen Esel, holte seine beiden Jungknechte und seinen Sohn Isaak, spaltete Holz zum Opfer und machte sich auf den Weg zu dem Ort, den ihm Gott genannt hatte. Als Abraham am dritten Tag aufblickte, sah er den Ort von Weitem. Da sagte Abraham zu seinen Jungknechten: Bleibt mit dem Esel hier! Ich will mit dem Knaben hingehen und anbeten; dann kommen wir zu euch zurück. Abraham nahm das Holz für das Brandopfer und lud es seinem Sohn Isaak auf. Er selbst nahm das Feuer und das Messer in die Hand. So gingen beide miteinander. Nach einer Weile sagte Isaak zu seinem Vater Abraham: Vater! Er antwortete: Ja, mein Sohn! Dann sagte Isaak: Hier ist Feuer und Holz. Wo aber ist das Lamm für das Brandopfer? Abraham entgegnete: Gott wird sich das Opferlamm aussuchen, mein Sohn. Und beide gingen miteinander weiter. Als sie an den Ort kamen, den ihm Gott genannt hatte, baute Abraham den Altar, schichtete das Holz auf, fesselte seinen Sohn Isaak und legte ihn auf den Altar, oben auf das Holz. Schon streckte Abraham seine Hand aus und nahm das Messer, um seinen Sohn zu schlachten. Da rief ihm der Engel des

Herrn vom Himmel her zu: Abraham, Abraham! Er antwortete: Hier bin ich. Jener sprach: Streck deine Hand nicht gegen den Knaben aus und tu ihm nichts zuleide! Denn jetzt weiß ich, dass du Gott fürchtest; du hast mir deinen einzigen Sohn nicht vorenthalten. Als Abraham aufschaute, sah er: Ein Widder hatte sich hinter ihm mit seinen Hörnern im Gestrüpp verfangen. Abraham ging hin, nahm den Widder und brachte ihn statt seines Sohnes als Brandopfer dar. Abraham nannte jenen Ort Jahwe-Jire (Der Herr sieht), wie man noch heute sagt: Auf dem Berg lässt sich der Herr sehen. Der Engel des Herrn rief Abraham zum zweiten Mal vom Himmel her zu und sprach: Ich habe bei mir geschworen – Spruch des Herrn: Weil du das getan hast und deinen einzigen Sohn mir nicht vorenthalten hast, will ich dir Segen schenken in Fülle und deine Nachkommen zahlreich machen wie die Sterne am Himmel und den Sand am Meeresstrand. Deine Nachkommen sollen das Tor ihrer Feinde einnehmen. Segnen sollen sich mit deinen Nachkommen alle Völker der Erde, weil du auf meine Stimme gehört hast. Darauf kehrte Abraham zu seinen Jungknechten zurück (Gen 22,1–19).

Abraham und Isaak werden auf einen namenlosen Berg im Land Morija geführt. Es ist das erste Gipfelerlebnis, von dem die Bibel berichtet. Morija heißt auf Deutsch: »Jahwe sieht!« Eine noch genauere Übersetzungsmöglichkeit ist: »Jahwe wird ausersehen!« Mit diesem Namen wird der tiefere Sinn der Szene zum Ausdruck gebracht. Gott will die Hingabe des Abraham sehen. Seine Berufung wird erprobt. Abraham wird von Jahwe ausersehen!

Nach jüdischer Tradition wird der Berg in Morija später mit dem Tempelberg in Jerusalem gleichgesetzt (vgl. 2 Chr 3,1). Der Tempel ist der Ort des Opfers, bei dem der Mensch bewusst etwas loslässt und es Gott schenkt. Im Evangelium ist das Dach des Tempels einer der drei Orte der Versuchungen Jesu (vgl. Mt 4,5), wie wir im nachfolgenden Abschnitt sehen werden. Wie Abraham wird auch Jesus erprobt werden, ob er bereit ist, sich ganz dem Vater zu überlassen und ihm zu vertrauen.

Jahwe stellt Abraham auf die Probe. Dieser Hinweis zu Beginn der Geschichte ist wichtig. Gott will nicht Isaak töten, sondern Abraham und dessen Hingabe prüfen. Auch geht es nicht darum, dass der Gott Israels im Unterschied zu den heidnischen Göttern der Umwelt keine Kinderopfer fordert. Vielmehr geht es um den Glauben Abrahams, ob er wirklich ganz und gar Jahwe vertraut, sogar sein Liebstes loslässt und Gott in sein Leben einlässt. Damit wird an die Berufungsgeschichte des Patriarchen angeknüpft.

Mit großem Gottvertrauen hatte Abraham einst seine Heimat Ur in Chaldäa verlassen und war in ein unbekanntes Land aufgebrochen. Dazu wurde er berufen: »Zieh weg aus deinem Land, von deiner Verwandtschaft und aus deinem Vaterhaus in das Land, das ich dir zeigen werde. Ich werde dich zu einem großen Volk machen, dich segnen und deinen Namen groß machen. Ein Segen sollst du sein« (Gen 12,2–3). Abraham hörte auf das Wort Gottes und zog aus seiner Heimat Ur fort.

Nüchtern betrachtet tat Abraham bei diesem Aufbruch das, was als Nomade sein Beruf war. Ein Hirte bricht täglich mit seinen Herden auf, um ertragreichere Weideflächen zu suchen. Freilich kann Abraham auch die Sehnsucht nach Unabhängigkeit und Freiheit motiviert haben, die Hirten und Nomaden eigen ist. Verstärkend kommt eventuell hinzu, dass die Verheißung eines neuen Landes und von zahlreicher Nachkommenschaft Reichtum und Ansehen bedeuteten. Vielleicht bewegten auch diese eigennützigen Zukunftsperspektiven Abraham zum Aufbruch.

So weist der weitere Weg Abrahams manchen Makel auf und war keineswegs ausschließlich von vorbehaltlosem Gottvertrauen geprägt. Es wird berichtet, dass der Patriarch mit seinen Herden nach Ägypten kam. Aus Angst vor einem Konflikt mit dem Pharao, der die Schönheit seiner Frau Sara bewunderte, musste sich diese als Schwester Abrahams ausgeben (vgl. Gen 12,10–20). Anstelle von Vertrauen, dass Gott es zum Guten hin lenken würde, blieb Abraham nicht der Wahrheit treu, sondern gebrauchte eine Notlüge und lieferte damit seine Frau dem Pharao aus. Erst durch das Eingreifen Gottes kam es zur Lösung der verworrenen Situation.

Noch eine andere Szene verdeutlicht, dass Abraham eher konfliktscheu Probleme aus dem Weg zu gehen versuchte. Seine Frau Sara, die nach langem Warten endlich einen Sohn geboren hatte, wurde eifersüchtig auf Abrahams Nebenfrau Hagar. Diese war schon früher von Abraham schwanger geworden und hatte ihren Sohn Ismael zur Welt gebracht. Aus Angst vor dem Konflikt mit Sara schickte Abraham kurzerhand Hagar mit ihrem Sohn Ismael in die Wüste. Wir könnten sagen, dass die Nebenfrau und das Kind der Familienräson geopfert wurden. Wiederum wurde Gott tätig. Durch das Eingreifen eines Engels wurde Ismael vor dem Tod gerettet (vgl. Gen 21,8–21).

Beide Ereignisse veranschaulichen, dass Abrahams Glaube an die göttliche Verheißung nicht frei von Schatten war, sondern dass er wiederholt von Angst getrieben wurde und deshalb den Weg des geringsten Widerstands suchte.

Das ist tröstlich, denn ich glaube, dass uns aus eigener Erfahrung ähnliche Situationen bekannt sind. Loszulassen und zu vertrauen fällt uns gerade in Alltagskonflikten schwer. Wir planen lieber selbst unser Leben und wollen das Heft fest in der Hand behalten. Aber von Zeit zu Zeit müssen wir feststellen, dass es ganz anders kommen kann.

Letztlich prallen in der Gestalt Abrahams göttliche Verheißung und menschliche Vorstellungen aufeinander. Doch Gott bringt seinen heilvollen Plan trotz menschlichen Versagens, das vor allem in einer »Vertrauensschwäche« besteht, letztlich doch ans Ziel. Gott hat Geduld mit uns Menschen, so lautet die Botschaft. Immer wieder gibt er uns eine neue Chance.

Abraham wird im Alter nochmals erprobt. Gott fordert als Opfer das Leben des Isaak. Der Sohn bedeutete schließlich die Erfüllung der Verheißung, dass Abraham mit seinem Nachkommen zu einem großen Volk werde und dass er in seinem Volk weiterleben und eine Zukunft haben würde. Hatte Gott dieses Versprechen nun vergessen, wenn er von Abraham erwartet, dass dieser seinen Sohn töten soll? Mit dem Verzicht auf seinen Sohn soll Abraham sein Fortleben opfern. Mit anderen Worten: Er soll sein Leben und seine Zukunft ganz und gar in die Hand Gottes legen. Abraham wird radikal aufgefordert: »Lass los!« Wie würden wir uns in einer solchen Extremsituation verhalten?

Es ist bemerkenswert, wie der alt gewordene Vater reagiert. Er antwortet sowohl seinem Gott mit »Hier bin ich!« als auch seinem Sohn Isaak mit »Hier bin ich, mein Sohn!«. Die Einheitsübersetzung mit ihrem »Ja, mein Sohn!« ist dabei eher undeutlich. So verdeutlicht der biblische Urtext, dass der Vater dem Sohn die gleiche Treuezusage gibt wie Gott. Abraham legt damit seine ganze Zukunft in die Hände Jahwes. Erst durch diese letzte Erprobung auf dem Gipfel im Land Morija wird Abraham zum Vater des Glaubens. Daran können wir ablesen, was Glauben heißt: Vorbehaltloses Vertrauen gegenüber Gottes Verheißung, auch wenn der Verstand und das Gefühl sowie viele äußere Umstände dagegensprechen. Indem Abraham den eigenen Sohn nicht verschont, d.h. indem Abraham seine Zukunft voll und ganz in Gottes Hände legt, wird er frei, kann er Gottes rettendes Heil sogar in der Todesbereitschaft erfahren. Die Quintessenz dieses Gipfelerlebnisses lautet: Gott bewahrt nicht vor dem Gang in den Tod, aber er rettet im Tod!

Es ist verständlich, dass sich das Volk Israel in der Gestalt Abrahams wiederfinden konnte, besonders dann, wenn es Not und Bedrängnis erlebte. Unweigerlich stellte sich das Volk z.B. zur Zeit des babylonischen Exils (587–539 v.Chr.) die Frage: »Warum lässt Jahwe, unser Gott, der uns aus dem Sklavenhaus Ägyptens mit mächtiger Hand befreit hat, jetzt Leid und Verbannung zu? Warum gibt er uns, denen er doch eine gute Zukunft verheißen hat, jetzt der Vernichtung preis? Warum nimmt er uns das Land wieder weg? Steht Gott nicht mehr zu seiner Verheißung?«

Mit der Zerstörung des Jerusalemer Tempels und der Verschleppung in die babylonische Gefangenschaft machte die Abrahamsgestalt in Israel gleichsam neue Karriere. Der Patriarch stand für das Schicksal des erwählten Volkes. Sein Weg der Erprobung wurde geradezu beispielhaft für Israels Weg. Seine unbedingte Hingabe im Alter gerade auch mit den unrühmlichen Szenen seiner Lebensgeschichte ermutigten zu dieser kritischen Reflexion: »Sind wir fähig, unsere Zukunft einzig Gott zu überlassen? Sind wir willens, als Ausdruck unseres Glaubens das Liebste loszulassen? Sind wir wirklich zum Aufbruch bereit?«

Die Liturgie des Christentums hat auf neue Weise diese Botschaft aufgenommen. In der Feier der Osternacht wird das Morija-Erlebnis Abrahams als zweite Lesung verkündet. Gott erspart nicht den Weg in den Tod, aber er rettet aus dem Tod. Das feiern wir Christen an Ostern. In seinem Sohn geht Gott mit uns in den Tod. Er lässt uns Menschen in dieser letzten Angst nicht allein. Der Tod ist nicht das Ende. Letztlich siegt der auferstandene Sohn, der von Gott aufgerichtete Mensch, wie es das Evangelium des Ostertages zum Ausdruck bringt (vgl. Mt 28,1–10). Letztlich will uns Gott durch die Auferstehung seines Sohnes von aller Angst vor dem Tod befreien. Im Loslassen und im Sich-Verlassen auf Gott werden wir Menschen frei.

Es ist interessant, dass erste Darstellungen auf christlichen Särgen die Erprobung Abrahams zeigen, die den österlichen Glauben vorwegbildete. Gott greift zugunsten eines Gerechten ein. Der Verstorbene, der wie Abraham im Vertrauen auf Gott sein Leben losließ, wird wie Isaak und Abraham aus dem Tod gerettet. Er hat Zukunft und wird zum Leben befreit werden. So verstanden ist Jesus, der vom Tod Erweckte, ganz ein Sohn Abrahams und steht in Analogie zu Isaak (vgl. Mt 1,1). In all unseren Zukunftssorgen ist das die tröstliche Botschaft, an die uns Abrahams Erprobung erinnert. Wer im Gottvertrauen loslässt, der hat Zukunft! Letztlich verdichtet sich die jahrhundertealte Glaubenserfahrung Israels in der Person Abrahams, sodass er zum Vater des Glaubens werden konnte. Durch solches Gottvertrauen kommt es in jeder Zeit neu zur Erfüllung der Verheißung, dass durch ihn alle Geschlechter der Erde Segen erlangen (vgl. Gen 12,3).

Auch im Islam erfährt Abraham hohe Verehrung. Er gilt als das Muster des wahren Gläubigen, des Muslims schlechthin, weil er in seiner »Hingabe«, die mit dem Begriff »Islam« bezeichnet wird, sich ganz Gott überließ. In dieser Hingabe, die wir wie Abraham immer wieder einüben müssen, dürfen auch wir uns mit dem Vater des Glaubens identifizieren. Gesegnet sein heißt nicht, perfekt und vollkommen zu sein, wohl aber zu wissen, dass man von Gott trotz seiner Fehler und Schwächen gerufen und angenommen ist. Gesegnet sein heißt: aufbrechen und loslassen im Vertrauen, dass Gott uns Möglichkeiten für eine Zukunft geschaffen hat und dass schwierige Zeiten, so schlimm sie auch sein mögen, niemals sinnlos oder vergebens sind. Gesegnet sein heißt: im Leben stehen und immer wieder neu bereit sein zu gehen. Gesegnet sein heißt: zu vertrauen, dass Gott immer eine neue Chance gibt und uns zum Leben befreien will!

Die Prüfung Jesu: Ihm allein sollst du dienen!

Dann wurde Jesus vom Geist in die Wüste geführt; dort sollte er vom Teufel in Versuchung geführt werden. Als er vierzig Tage und vierzig Nächte gefastet hatte, bekam er Hunger. Da trat der Versucher an ihn heran und sagte: Wenn du Gottes Sohn bist, so befiehl, dass aus diesen Steinen Brot wird. Er aber antwortete: In der Schrift heißt es: Der Mensch lebt nicht nur von Brot, sondern von jedem Wort, das aus Gottes Mund kommt. Darauf nahm ihn der Teufel mit sich in die Heilige Stadt, stellte ihn oben auf den Tempel und sagte zu ihm: Wenn du Gottes Sohn bist, so stürz dich hinab; denn es heißt in der Schrift: Seinen Engeln befiehlt er dich auf ihren Händen zu tragen, damit dein Fuß nicht an einen Stein stößt. Jesus antwortete ihm: In der Schrift heißt es auch: Du sollst den Herrn, deinen Gott, nicht auf die Probe stellen. Wieder nahm ihn der Teufel mit sich und führte ihn auf einen sehr hohen Berg; er zeigte ihm alle Reiche der Welt mit ihrer Pracht und sagte zu ihm: Das alles will ich dir geben, wenn du dich vor mir niederwirfst und mich anbetest. Da sagte Jesus zu ihm: Weg mit dir, Satan! Denn in der Schrift steht: Vor dem Herrn, deinem Gott, sollst du dich niederwerfen und ihm *allein* dienen. Darauf ließ der Teufel von ihm ab und es kamen Engel und dienten ihm (Mt 4,1–11).

Abraham wird am Ende seines Lebens geprüft. Das erste Gipfelerlebnis Jesu im Matthäusevangelium steht dagegen am Beginn seines öffentlichen Auftretens. Es schließt an die Kindheitsgeschichte sowie an seine Taufe im Jordan an. Damit wird bekundet, dass sich Jesus ganz und gar der Gottesherrschaft unterstellt (vgl. Mt 3,13–17). Wie Israel, so ist auch er Jahwes geliebter Sohn, an dem Gott Gefallen gefunden hat (vgl. Jes 42,1). Als solcher wird Jesus vom Geist in die Wüste geführt. Hier wurde schon das Volk Israel auf seinem Wüstenzug geprüft (vgl. Hos 2,16).

Allerdings murrte damals das Volk und lehnte sich wiederholt gegen Gott auf.

Jesus dagegen verhält sich anders. Vierzig Tage und vierzig Nächte fastet er. Damit wird an Mose und Elija erinnert (vgl. Ex 24; 1 Kön 19), aber auch wieder an Abraham, der nach einer jüdischen Tradition vierzig Tage und Nächte gefastet haben soll. In der völligen Konzentration und Reduktion auf das Wesentliche, wofür Wüste und Fasten stehen, tritt nun der Versucher an Jesus heran.

Diese Erfahrung hat jeder schon einmal gemacht, der für längere Zeit bewusst auf etwas verzichtet hat. Beim Fasten können in uns Gedanken auftauchen, die versuchen, uns vom guten Vorsatz abzubringen, wie z. B.: »Heute könnte ich mir doch ein Stückchen Kuchen gönnen! Es bleibt ja bei dieser Ausnahme!« Oder: »Heute könnte ich die Morgengymnastik einmal ausfallen lassen, morgen ist ja auch noch ein Tag!« Oder: »Der Tag war heute so anstrengend, da ist es doch gar nicht so tragisch, wenn ich mir trotz meines Fastenvorsatzes, auf Alkohol zu verzichten, ein kleines Gläschen Wein genehmige.« Solchen gedanklichen Versuchungen standzuhalten ist meistens gar nicht so einfach. Und wir erfahren: Wer sich an die Grenzen begibt, der spürt seine Begrenztheit.

Diese Gedanken, die uns von unseren Vorsätzen abzubringen versuchen, wurden mit den dämonischen Kräften gleichgesetzt, mit denen sich Jesus im Evangelium immer wieder auseinandersetzte, indem er Menschen von deren Besessenheit und Gefangenschaft befreite, sie heilte und aufrichtete (vgl. Mt 8,28–31).

Das griechische Wort für »versuchen« (»peirazon«) bedeutet auch »probieren, prüfen, auf die Probe stellen, untersuchen«. Es kann auch mit »experimentieren« übersetzt werden. Wie Abraham und das Volk Israel, so wird auch Jesus auf die Probe gestellt, indem der Versucher mit ihm experimentiert. Zu Beginn des

Evangeliums soll dadurch deutlich werden, wer dieser Jesus von Nazareth ist, dass er sich *allein* auf Gott, seinen Vater, verlässt.

Es sind drei Themenbereiche, durch die Jesus erprobt wird. Mit dem Phänomen des Hungers wird die Frage verbunden: »Bist du wie Jahwe der Ernährer deines Volkes?« Mit der Sensationsgier wird thematisiert: »Kannst du wie der Gott Israels Unmögliches bewirken?« Und schließlich wird in der dritten Versuchung auf dem Berg die Machtfrage gestellt: »Bist du der Allmächtige?«

Alle drei Versuchungsmotive, mit denen Jesus in der Wüste konfrontiert wird – der Hunger, die Sensationsgier, die Machtfrage –, erinnern letztlich an die Wüstenwanderung Israels und Jahwes mächtiges Eingreifen für sein Volk. So gab er mit dem Manna Brot vom Himmel, mit dem er Israel auf der Wüstenwanderung ernährte (vgl. Ex 16; Num 11). Er ließ des Weiteren Mose Wasser aus dem Felsen schlagen, sodass inmitten der todbringenden Wüste neue Lebensquellen hervorsprudelten (vgl. Ex 17; Num 20). Und mit der Vertreibung der anderen Völker und der Landnahme bewies Jahwe, dass er allein der Herr der Geschichte ist (vgl. Num 34).

An diese Erfahrungen des Volkes Israel knüpft das Matthäusevangelium an. Alle Antworten, die Jesus dem Versucher entgegenhält, sind Zitate aus dem Buch Deuteronomium, dem sogenannten zweiten Gesetz. Dieses war entstanden, nachdem Mose aus Zorn über den Tanz um das Goldene Kalb die ersten Gesetzestafeln zerstört hatte. So kam es vor der Landnahme am Jordan zum erneuten Bundesschluss (vgl. Dtn 5). Das zweite Gesetz, das dem Volk hier gegeben wurde, war gleichsam das Grundgesetz bzw. die Verfassung für das Gelobte Land, für das ersehnte Land der Freiheit. Wenn das Volk diesem als Wegweisung folgt, indem es sich allein an seinen Gott bindet, dann bleibt es wirklich frei.

Wenn nun Jesus diese Zitate aus dem Deuteronomium verwendet, wird einerseits deutlich, dass er ganz und gar im Wort und in der Tradition seines Volkes beheimatet ist. Er ist ein der Thora treuer Jude, die Erfüllung des Gesetzes, wie es die Kernbotschaft seiner ersten großen Rede auf dem zweiten Berggipfel, der Bergpredigt, sein wird (vgl. Mt 5–7). Andererseits wird damit gesagt, dass er wie Mose den Weg aus der Wüste in ein neues Land der Freiheit weist. So entschlüsselt die dritte und letzte Versuchungsszene schon zu Beginn seines Wirkens die Botschaft des ganzen Evangeliums: Wer im Vertrauen auf Gott loslässt und mutig mit Jesus aufbricht, der wird wirklich frei und zu neuen Lebensperspektiven geführt werden!

Es ist bemerkenswert, dass Matthäus im Unterschied zu den anderen Evangelisten die dritte Versuchung auf einem sehr hohen Berg verortet. Hier wählt er bewusst das Gipfelmotiv. Der Hinweis vom »sehr hohen Berg« findet sich noch an einer weiteren Stelle des Matthäusevangeliums. Auf einem »sehr hohen Berg« wird offenbar werden, welches Ziel Gott mit seinem Sohn verfolgt. Wir werden den Berg der Verklärung als fünften Gipfel noch besteigen. Hier leuchtet der Höhepunkt des Lebens Jesu auf: der vom Tod befreite Mensch. Wenn nun Jesus zu Beginn seines Wirkens auf einem sehr hohen Berg geprüft wird, dann wird deutlich, dass diese Versuchung auf den letzten Gipfel in seinem Leben verweist, auf dem die Gottessohnschaft Jesu offenbar werden wird.

Mit seiner dritten Antwort, die Jesus auf dem Berg der Erprobung dem Versucher entgegenwirft, zitiert er ein mahnendes Wort des Alten Bundes: »Nimm dich in Acht, dass du den Herrn nicht vergisst *[im Gelobten Land, das Abraham versprochen wurde, könnten wir hinzufügen]*, der dich aus Ägypten, dem Sklavenhaus, geführt hat. Den Herrn, deinen Gott sollst du fürchten, ihm sollst du dienen« (Dtn 6,12–13). Im Blick auf diese Mahnung müssen auch wir uns immer wieder selbstkritisch fragen: »Wo begeben wir uns bewusst oder unbewusst in Abhängigkeiten? Wann haben wir ihn vergessen und aus dem Blick verloren?«

Es ist zu beachten, dass bei der Versuchungsszene das Zitat mit dem Wörtchen »monos« (»allein«) ergänzt wird, sodass es heißt: »Ihm *allein* sollst du dienen!« Damit verdeutlicht Matthäus, dass Jesus kein neuer Gott ist. Er ist vielmehr der Immanuel, der »Gott mit uns«, der *allein* dem Vater vertraut (vgl. Mt 1,23). In seiner Person offenbart sich jener Gott, der zugleich der Gott Abrahams, Isaaks und Jakobs ist. *Allein* am Sohn wird deutlich, wer und wie Gott, der Vater ist.

Jesus vertraut diesem Gott so, wie es Abraham auf dem Berg im Land Morija getan hat. Wie Isaak, so gilt auch Jesus als Sohn Abrahams (vgl. Mt 1,1). Der Weg in den Tod bleibt ihm nicht erspart. Aber auch er wird erfahren, dass ihn Gott aus dem Tod erretten wird, sodass nach dem Tod am Kreuz der römische Hauptmann bekennen kann: »Wahrhaftig, das war Gottes Sohn« (Mt 27,54). Das ist letztlich das Ergebnis der Experimente, die der Versucher durchführt. Das ist die neue Perspektive, ja, eine echte Horizonterweiterung, die uns der Evangelist Matthäus auf seinem ersten Berggipfel zeigt und die uns auf dem weiteren Weg begleiten wird. Wer allein dem Gott Jesu vertraut und sich so auf den Weg macht, der hat das Leben auch im Tod. Wer loslässt und ihm allein dienen will, der wird frei und bekommt Lebensperspektiven über alle Begrenzungen hinweg. Seine Sehnsucht nach Heil und Leben wird ganz und gar erfüllt.

Dieses Vertrauen kann man ein Leben lang einüben, wie wir an Abraham sehen durften und wie es gleichfalls vom jungen Benedikt eingeübt wird.

Die Sehnsucht Benedikts: Allein Gott gefallen!

Es lebte ein verehrungswürdiger Mann. Er hieß Benedictus. Der Gnade und dem Namen nach war er ein Gesegneter. Schon von früher Jugend an hatte er das Herz eines reifen Mannes, war er doch in der Lebensweise seinem Alter weit voraus. Dem bösen Begehren gab er sich nicht hin. Solange er auf dieser Erde lebte, hielt er die Welt in ihrer Blüte schon für verdorrt, obwohl er sie eine Zeit lang ungehindert hätte genießen können. Er stammte aus angesehenem Geschlecht in der Gegend von Nursia. Zu Ausbildung und Studium wurde er nach Rom geschickt. Dabei sah er viele in die Abgründe des Lasters fallen. Deshalb zog er den Fuß, den er gleichsam auf die Schwelle zur Welt gesetzt hatte, wieder zurück, damit nicht auch er von ihrer Lebensart angesteckt werde und so schließlich ganz in bodenlose Tiefe stürze. Er wandte sich also vom Studium der Wissenschaften ab und verließ das Haus und die Güter seines Vaters. Gott allein wollte er gefallen, deshalb begehrte er das Gewand gottgeweihten Lebens. So ging er fort: unwissend, doch erfahren; ungelehrt, aber weise (Buch der Dialoge II, 1).

Wenn Papst Gregor der Große zu Beginn seiner Lebensbeschreibung bezugnehmend auf die Wortbedeutung des lateinischen Namens »Benedictus« diesen als »Segen«, bzw. »Gesegneten« vorstellt, dann bringt er ihn in die Analogie zu Abraham, dem verheißen wurde: »Ich werde dich segnen. Ein Segen sollst du sein« (vgl. Gen 12,2). Am Anfang steht auch bei Benedikt wie bei Abraham der Aufbruch. Um nicht in die Abgründe abzustürzen, die sich für ihn im spätantiken Rom auftun, verzichtet der junge Mann auf Familie, Besitz, Qualifikation und Karriere. Er bricht sein Studium ab und verlässt die Stadt. Benedikt sucht einen alternativen Lebensstil, indem er sich dem Treiben der Welt fremd macht, wie er es später in seiner Regel fordern wird (vgl. RB 4,20).

Er will sich allein auf das Wesentliche konzentrieren. Voller Sehnsucht, »desiderans«, wie es im lateinischen Text heißt, will Benedikt Gott *allein* gefallen. Damit folgt der junge Mann – ob bewusst oder unbewusst – der Mahnung Jesu auf dem Berg der Erprobung: »*Allein* Gott sollst du dienen!« Das ist das Motiv, das ihn bewegt, sich zu reduzieren und alles aufzugeben. Indem Benedikt seiner Sehnsucht Raum schenkt, wird er zum Gottsucher, wie er später den Mönch in seiner Regel beschreibt (vgl. RB 58,7). Das heißt nicht, dass der junge Mann bei seinem Aufbruch Gott bereits gefunden hätte. Vielmehr ist er von einer großen Sehnsucht nach dem Grund des Lebens erfüllt, den er in den vielfältigen Angeboten der Metropole Rom nicht finden konnte. Letztlich ist für Benedikt Gott allein das höchste Gut, die Erfüllung seiner Sehnsüchte.

Wenn Benedikt ihm allein gefallen will, dann beginnt bei ihm ein innerer Reifungsprozess, indem er sich Schritt für Schritt von der ichbezogenen Gefallsucht befreit. Er will nicht mehr ein Mensch sein, der um sich selbst kreist und sich selbst genügt. Er will frei werden von aller Selbstbezogenheit und allen egozentrischen Zügen. Die Abgründe, zu denen die Ausformungen der Selbstsucht führen können, hatte er in Rom zur Genüge kennengelernt. Er weiß um die Absturzgefahr.

Zu seinem inneren Reifungsprozess gehört vor allem eine Befreiung von äußeren Angelegenheiten. Diese Erfahrung dürften auch wir gut kennen. Wie oft wollen bzw. müssen wir nach außen gefallen, etwa der Öffentlichkeit, dem Geschäftspartner, dem Vorgesetzten und lassen dadurch unser Verhalten bestimmen. Diese Gefälligkeiten können leichthin zur Fremdbestimmung führen, indem man vorrangig das tut, was gerade opportun ist. Wenn Benedikt dies alles hinter sich lässt, um in der Einsamkeit Gott zu gefallen, dann wird er spirituell zu einer tieferen Freiheit geführt. Letztlich will er erkennen, was hinter dem Vordergründigen steht, und sich nicht mehr täuschen lassen von dem, was wie eine schöne Blume aufblüht, wie es bei Papst Gregor heißt, und mit seiner Pracht nur kurzzeitig besticht. Benedikt will ergreifen, was bleibt.

In diesem Zusammenhang ist es bemerkenswert, dass Benedikt nur an einer einzigen Stelle seiner Regel von der Sehnsucht spricht, nämlich im Kapitel über die Fastenzeit. Dort empfiehlt er: »Mit geistlicher Sehnsucht und Freude erwarte der Mönch das heilige Osterfest« (RB 49,7). Zunächst einmal ist ja die Fastenzeit eine Wüstenzeit, in der sich der Christ durch Reduktion und Konzentration ganz bewusst einschränkt. Er geht wie Jesus für 40 Tage gleichsam in die Wüste. Das empfiehlt Benedikt in seiner Regel den Mönchen, indem er Verzicht an Speise, Trank, Schlaf und Geschwätz von ihnen fordert. Besonders rät der Mönchsvater zur Intensivierung des Gebets und der geistlichen Lesung. Aber all diese Übungen hätten keinen Sinn, wenn sie nicht von einer tiefen Sehnsucht nach Gott motiviert würden. Indem ich mich einschränke und auf etwas verzichte und dadurch freier werde für das Wesentliche, kann letztlich die Sehnsucht nach dem Leben in Fülle wachsen. So kann die Fastenzeit als Wüstenzeit zur sehnsuchtsvollen Zeit werden, in der wir voll Freude auf das Fest des Lebens, auf Ostern zugehen.

Diese Sehnsucht nach der großen Lebensfülle muss den jungen Benedikt zu seinem Aufbruch motiviert haben. Er lässt los, um sich ganz auf einen anderen einzulassen. Deshalb begehrt er das Gewand gottgeweihten Lebens. Im ursprünglichen lateinischen Text ist vom »sanctae conversationis habitus« die Rede. »Habitus« meint nicht nur ein Gewand, sondern auch den Lebenswandel, der den ganzen Menschen mit seiner Einstellung und Lebensart prägt. Wir sprechen manchmal vom Habitus und meinen damit das Auftreten und die Umgangsformen, die ein Mensch hat. »Conversatio« bedeutet Umkehr und grundlegende

Wendung, dass man falsches Verhalten korrigiert und sich wieder auf das Eigentliche konzentriert. Benedikt will also wie ein Gewand einen neuen Lebenswandel der Umkehr, d.h. der Konzentration auf das Wesentliche anlegen.

Mit dieser Umkehr wird eines der drei Mönchsgelübde angesprochen, die Benedikt in seiner Regel fordert. »Conversatio morum« meint die Umkehr der Sitten oder, wie wir auch sagen könnten, die Konzentration all meines Strebens und Verhaltens auf Gott hin (vgl. RB 58,17). Um frei zu sein für seine Suche nach Gott, verzichtet der Mönch daher auf persönlichen Besitz, Partnerschaft und Familie. Dies bringt auch der Titel »Mönch« zum Ausdruck, der vom griechischen Wort »monos« – »einzig, allein« – abgeleitet wird. Einzig und allein Gott will er suchen, dafür will er frei sein. Darum nimmt er die Mühe der Reduktion und Konzentration auf sich. Aus diesem Motiv verlässt der junge Benedikt die Stadt Rom und versucht, sich in der Einsamkeit der Höhle von Subiaco auf das Wesentliche zu beschränken. Er sucht die Auseinandersetzung mit sich selbst.

Diese Hochherzigkeit des Anfangs zeichnet Benedikt aus. Freilich wird auch er mit seinen hohen Idealen an seine Grenzen stoßen. Die Realität wird ihre Tribute fordern. Benedikt bricht im Vertrauen auf, dass im Loslassen ein anderer sich ganz auf ihn einlassen wird. Das ist wohl gemeint, wenn der junge Mann als unwissend weise beschrieben wird. Benedikt begibt sich auf die Suche nach der inneren Wahrheit, hinein in die große Unsicherheit Gottes. Letztlich bricht Benedikt auf, weil er sich als von Gott Gesegneter versteht. Darin ist er wirklich ein Kind Abrahams.

Erste Gipfelbotschaft:
Durch Konzentration neue Freiheit finden

Der Berg ist immer ein Ort der Erprobung und des Geprüftwerdens. Wenn mich die Sehnsucht nach dem Gipfel motiviert, bin ich zum Aufbruch bereit. Wer auf den Berg will, muss loslassen und weggehen. Er muss bereit sein, sich zu reduzieren und zu konzentrieren. Nicht alles können wir in den Rucksack packen. Wir müssen uns fragen: Was ist wirklich notwendig und erforderlich? Ein Berg muss Schritt für Schritt erstiegen werden, ohne dass man sicher weiß, welche Kräfte es einen kosten wird. Der Berg ist immer ein Ort der Prüfung, wo ich mich mit meinen Stärken und Schwächen besser kennenlerne. Das mag oft nicht angenehm sein. Doch wer auf den Berg geht, der wird von einer großen Sehnsucht bewegt, sodass er bereit ist, manches auf seinem Weg in Kauf zu nehmen.

Dies lässt sich auf unser Leben übertragen. Das Loslassen fällt uns häufig schwer. Auch ist es nicht leicht, der Versuchung zu widerstehen, sich so abzusichern und einzurichten, dass wir träge und unbeweglich werden. Hier kann es hilfreich sein, sich bewusst in die Abgeschiedenheit zu begeben, um sich neu die Frage nach der eigenen Sehnsucht zu stellen. Manchmal braucht es diese Reduktion, um das Wesentliche in unserem Leben wiederzuerkennen. Dabei werde ich, wenn ich mich begrenze, vermutlich an meine Grenzen stoßen und bisweilen auch scheitern. Letztlich ist das eine häufige Bergerfahrung: Manchmal versteigen wir uns und müssen umkehren und neu anfangen. Das Scheitern und die Umkehr gehören wesentlich zur Erprobung und zum Experimentieren dazu. Aber die Sehnsucht nach dem Gipfel macht erstaunlich vieles möglich.

Mir kommt in diesem Zusammenhang ein Gedicht von Nelly

Sachs in den Sinn, die als jüdische Lyrikerin 1940 in letzter Minute Berlin verlassen hatte, um nach Schweden zu emigrieren: Sie brach also auch auf und musste vieles loslassen. In Schweden schrieb sie das Mysterienspiel »Eli«, in dem sie ohne Hass und Anklage das Leiden Israels thematisierte. In diesem Stück findet sich ein beeindruckendes Gedicht:

Alles beginnt mit der Sehnsucht,
immer ist im Herzen Raum für mehr,
für Schöneres, für Größeres.
Das ist des Menschen Größe und Not:
Sehnsucht nach Stille, nach Freundschaft und Liebe.
Und wo Sehnsucht sich erfüllt,
dort bricht sie noch stärker auf.
Fing nicht auch deine Menschwerdung Gott,
mit dieser Sehnsucht nach dem Menschen an?
So lass nun unsere Sehnsucht damit anfangen,
dich zu suchen,
und lass sie damit enden,
dich gefunden zu haben.

Am Anfang steht die Sehnsucht sowohl bei uns als auch bei Gott, so die Überzeugung von Nelly Sachs. Das gilt auch für den ersten Gipfel, den wir bestiegen haben. Am Anfang steht die Sehnsucht Benedikts, allein Gott zu gefallen, die Sehnsucht Jesu, allein dem Vater zu dienen, die Sehnsucht Abrahams nach der Erfüllung seiner Verheißung. Es geht also immer um ein erfülltes Leben. Wie wir gesehen haben, ist dieses Aufbrechen stets ein Wagnis: Wie Abraham können wir scheitern, wie Jesus können wir an unseren Grenzen ankommen, wie Benedikt müssen wir noch vieles lernen.

Nelly Sachs spricht davon, dass alles mit der Sehnsucht Gottes nach uns Menschen angefangen hat. Er ist es, der zuerst aufgebrochen ist und in seiner Menschwerdung uns nahekam. Diese Sehnsucht Gottes nach uns soll uns wiederum motivieren, ihn zu suchen und zu finden. So wird die beiderseitige Sehnsucht zur Brücke zwischen Gott und Mensch, sodass wir wie Abraham und Benedikt darauf vertrauen dürfen: »In all meinen Defiziten, in all meinem Scheitern, in all meinen Lebensbrüchen: Gott sucht und ruft mich! Ich bin ein Gesegneter. Ich muss nicht alles können. Ich darf experimentieren und wieder neu beginnen.«

Diese Sehnsucht hat österlichen Charakter, so wie wir es auf dem ersten Berg gesehen haben, weil sie nach Erfüllung und höchstem Genuss strebt. »Denn wo Sehnsucht sich erfüllt, dort bricht sie noch stärker auf!«, schreibt die Dichterin. Entsprechend ist unser Lebensweg ein einziger Weg auf Ostern zu. Gott bewahrt uns dabei nicht vor dem Gang in den Tod, aber er rettet uns aus dem Tod. Daher ist Ostern das Fest der Fülle, der Heilung und Befreiung. Die letzte Erfüllung unserer Sehnsucht, der letzte Gipfel liegt in diesem Leben immer noch vor uns!

Mit dieser Botschaft verweist der erste Gipfel auf die letzten beiden Berge des Matthäusevangeliums, auf denen das österliche Geheimnis offenbar werden wird. Der Berg der Erprobung motiviert zum Aufbruch, zur Reduktion und Konzentration. Wer wie Benedikt das Kleid der Conversatio anlegt und bereit ist, sich auf das Wesentliche zu beschränken, der kann Schritt für Schritt zu einer neuen Freiheit finden, die ihn offen macht für die Begegnung mit dem Grenzenlosen, mit dem Leben in Fülle, das wir Gott nennen. Dieser Aufbruch bleibt eine lebenslange Übung. Wer aber in seinem Leben schon einmal das Beglückende eines Gipfelerlebnisses erfahren durfte, der wird immer wieder neu sehnsuchtsvoll aufbrechen, weil er die vertraute Stimme kennt, die uns auffordert: »Lass los!«

2 Berg der Weisung:
Ich glaube an dich!

»Wir trauen uns!«, so heißt es manchmal schlicht und ausdrucksstark auf Hochzeitseinladungen. »Wir trauen uns!«, das bedeutet, dass mit der gegenseitigen Liebe zwischen zwei Partnern auch
das Vertrauen und das Zutrauen gewachsen sind. »Wir trauen
uns!« meint, dass zwei Menschen miteinander vertraut geworden
sind, aneinander glauben, sodass sie sich nun trauen, den Lebens-
bund der Ehe zu schließen.

Gegenseitiges Vertrauen und Zutrauen haben meistens eine
Geschichte, sodass auf dem gemeinsamen Lebensweg etwas Einmaliges zwischen Menschen gewachsen ist. Was das bedeuten

kann, wurde mir einmal von einem vierjährigen Buben einer befreundeten Familie vor Augen geführt, den ich getauft hatte. Nun stand die Taufe seines jüngeren Bruders an. Die Mutter hatte den älteren Bruder auf dieses Fest etwas vorbereitet, indem sie ihm veranschaulichte, dass wir an ganz unterschiedliche Dinge glauben könnten. In den vielen Religionen und Kulturen gäbe es verschiedene Vorstellungen von Gott. Man könne ihn finden in der Natur, in den Tieren und Pflanzen. Andere Religionen würden sich Bilder von Gott machen, dass er gütig sei wie eine gute Mama, wie ein liebender Papa. Wieder andere glauben, dass Gott Mensch geworden ist, um uns Menschen wie ein guter Freund ganz nahe zu sein usw. Der ältere Bruder hörte sich das alles an und meinte spontan, weil er mich mit meinem Ordensgewand mit »dem lieben Gott« in Verbindung brachte: »Ich glaube an den Johannes!«

Mich hat die Antwort sehr berührt, weil sie mir verdeutlichte, welch große Verantwortung wir tragen, wenn ein Mensch uns Vertrauen schenkt. Glaube kommt aus der Erfahrung des Vertrautseins. Glaube hat etwas mit einem wachen Gespür zu tun und bleibt doch riskant. Glaube bedeutet: im Vertrauen aufeinander sich immer wieder neu auf den Weg zu machen, nicht wissend, ob er zum erwünschten Ziel führt, aber mit der Zuversicht, dass es sich lohnt, dem anderen zu trauen. Vertrauen lernt man Schritt für Schritt gerade auch im Durchleben von brenzligen Situationen. Vertrauen lernt man als Bewährung in Krisen, Enttäuschungen und Rückschlägen. Vertrauen bedeutet bisweilen Ausharren und Bleiben, weil man trotz aller Enttäuschungen an den anderen glaubt und an ihm festhält. Erst in der Rückschau wird manchmal deutlich, dass es sich gelohnt hat, nicht aufzugeben, sondern weiterzugehen. All das lässt sich auf unsere Gottesbeziehung übertragen, wie es uns an der Gestalt des Mose vor Augen geführt wird.

Die Rückschau des Mose: Zieh mit uns!

Dann sagte Mose: Lass mich doch deine Herrlichkeit sehen! Der Herr gab zur Antwort: Ich will meine ganze Schönheit vor dir vorüberziehen lassen und den Namen des Herrn vor dir ausrufen. Ich gewähre Gnade, wem ich will, und ich schenke Erbarmen, wem ich will. Weiter sprach er: Du kannst mein Angesicht nicht sehen; denn kein Mensch kann mich sehen und am Leben bleiben. Dann sprach der Herr: Hier, diese Stelle da! Stell dich an diesen Felsen! Wenn meine Herrlichkeit vorüberzieht, stelle ich dich in den Felsspalt und halte meine Hand über dich, bis ich vorüber bin. Dann ziehe ich meine Hand zurück und du wirst meinen Rücken sehen. Mein Angesicht aber kann niemand sehen. Weiter sprach der Herr zu Mose: Hau dir zwei steinerne Tafeln zurecht wie die ersten! Ich werde darauf die Worte schreiben, die auf den ersten Tafeln standen, die du zerschmettert hast. Halte dich für morgen früh bereit! Steig am Morgen auf den Sinai und dort auf dem Gipfel des Berges stell dich vor mich hin! Niemand soll mit dir hinaufsteigen; auch soll sich kein Mensch auf dem ganzen Berg sehen lassen und kein Schaf oder Rind soll am Abhang des Berges weiden. Da hieb Mose zwei Tafeln aus Stein zurecht wie die ersten. Am Morgen stand Mose zeitig auf und ging auf den Sinai hinauf, wie es ihm der Herr aufgetragen hatte. Die beiden steinernen Tafeln nahm er mit. Der Herr aber stieg in der Wolke herab und stellte sich dort neben ihn hin. Er rief den Namen Jahwe aus. Der Herr ging an ihm vorüber und rief: Jahwe ist ein barmherziger und gnädiger Gott, langmütig, reich an Huld und Treue: Er bewahrt Tausenden Huld, nimmt Schuld, Frevel und Sünde weg, lässt aber (den Sünder) nicht ungestraft; er verfolgt die Schuld der Väter an den Söhnen und Enkeln, an der dritten und vierten Generation. Sofort verneigte sich Mose bis zur Erde und warf sich zu Boden. Er sagte: Wenn ich deine Gnade gefunden habe, mein Herr, dann ziehe doch mein Herr mit uns. Es ist zwar ein störrisches Volk, doch vergib uns unsere Schuld und Sünde und lass uns dein Eigentum sein! Da sprach der Herr: Hiermit schließe ich einen Bund: Vor deinem ganzen Volk werde ich Wunder wirken, wie sie auf der ganzen Erde und unter allen Völkern nie geschehen sind. Das ganze Volk, in dessen Mitte du bist, wird die Taten des Herrn sehen; denn was ich mit dir vorhabe, wird Furcht erregen (Ex 33,18–34,10).

In der Kunst wird Mose häufig mit Hörnern dargestellt, was kurioserweise mit einem Übersetzungsfehler des hebräischen Wörtchens »quaran« (»strahlen«) zusammenhängt. In der lateinischen Bibel (Vulgata) wurde aus »coronata« (»strahlend«) ein »cornuta« (»gehörnt«), sodass Mose in der bildlichen Darstellung Hörner bekam. Eigentlich war das Strahlen eine Folge der Gottesbegegnung auf dem Berg Sinai, die Mose während des Wüstenzuges erfahren hatte. Im Buch Exodus heißt es dazu: »Während Mose vom Berg herunterstieg, wusste er nicht, dass die Haut seines Gesichtes Licht ausstrahlte, weil er mit dem Herrn geredet hatte« (Ex 34,29). Die Nähe Gottes hatte ihn verändert. Mose war in einer langen Lebensgeschichte mit seinem Gott vertraut geworden, sodass er etwas von dessen Glanz ausstrahlte. Daher heißt es von ihm bewundernd im Buch Deuteronomium: »Niemals wieder ist in Israel ein Prophet wie Mose aufgetreten. Ihn hat der Herr Auge in Auge berufen. Keiner ist ihm vergleichbar« (Dtn 34,10–11). Dieses gegenseitige Vertrauen spiegelt noch eine andere Aussage. Nach einer Auseinandersetzung zwischen dem Volk und Mose lässt die Bibel Gott selbst über Mose sagen: »Wenn es bei euch einen Propheten gibt, so gebe ich mich ihm in Visionen zu erkennen und rede mit ihm im Traum. Anders bei meinem Knecht Mose. Mein ganzes Haus ist ihm anvertraut. Mit ihm rede ich von Mund zu Mund, von Angesicht zu Angesicht, nicht in Rätseln. Er darf die Gestalt des Herrn sehen. Warum habt ihr es gewagt, über meinen Knecht Mose zu reden?« (Num 12,6–8).

Freilich hat dieser hohe Vertrauensbeweis seine Geschichte mit ihren Höhen und Tiefen. In seiner Vermittlerposition zwischen Gott und Volk durchlebte Mose öfters schwere Krisen, sodass sein Name zum Programm wurde. Eigentlich bedeutet »Mose« schlicht »Sohn«. Doch hat der Name auch Anklang an »maschah« (»herausziehen«). Jahwe ist gleichsam der »Herauszieher«, wie es schon die Kindheitsgeschichte des Mose veranschaulicht, wenn es dort heißt: »Aus dem Wasser habe ich ihn gezogen« (Ex 2,10). Immer wieder erfuhr Mose die rettende Hand Gottes, der ihn aus Problemen und Schwierigkeiten herauszog und ihm erneut die Führung seines Volkes anvertraute.

Dies begann mit der Beauftragung am Berg Sinai, als Mose aus dem brennenden Dornbusch von Gott berufen wurde: »Führe mein Volk, die Israeliten, aus Ägypten heraus!« (Ex 10,3). Verständlicherweise überforderte dieser Auftrag den jungen Mann, sodass er Gründe suchte, sich diesem zu entziehen: »Ich bin keiner, der gut reden kann« (Ex 4,10) – »Schick doch einen anderen!« (Ex 4,13). Ich glaube, wir kennen alle solche Situationen, in denen wir uns gänzlich überfordert fühlen und wir uns aus der Verantwortung ziehen wollen. Dann helfen uns das entgegengebrachte Vertrauen eines anderen sowie die Zusage, dass er uns nicht alleinlässt. All das motiviert, trotz unserer berechtigten Zweifel, es denn doch zu probieren und sich aus der gewohnten Sicherheit herausziehen zu lassen. Vertrauen motiviert! Das erfuhr auch Mose. Gott schenkte ihm sein Vertrauen, indem er ihm seinen Namen offenbarte. Damit teilte er ihm aus dem brennenden Dornbusch sein innerstes Wesen mit: »Ich bin der ›Ich-bin-da‹« (Ex 4,14). Das bedeutet: In allen Zweifeln und Schwierigkeiten lasse ich dich nicht allein, sondern ich bin für dich da. Dieses entgegengebrachte Vertrauen bestärkte Mose, den Stab in die Hand zu nehmen, d.h. seine Verantwortung anzunehmen und so zum Hirten seines Volkes zu werden (vgl. Ex 4,17).

Selbstredend gab es auch auf der langen Wüstenwanderung Höhen und Tiefen. Wiederholt wurde Mose dabei an seine Grenzen geführt, wenn z. B. das Volk in solchen Krisensituationen murrte: »Wären wir doch in Ägypten durch die Hand des Herrn gestorben, als wir an den Fleischtöpfen saßen und Brot genug zu essen hatten. Ihr habt uns nur deshalb in die Wüste geführt, um alle, die hier versammelt sind, an Hunger sterben zu lassen« (Ex 16,3). Oder an anderer Stelle: »Warum hast du uns überhaupt aus Ägypten hierhergeführt? Um uns, unsere Söhne und unser Vieh verdursten zu lassen?« (Ex 17,3). Im Ringen mit seinem Auftrag sowie durch seine Mittlerstellung erlebte Mose, wie unangenehm es sein kann, »dazwischen zu stehen«. So stellte er einerseits resignierend fest: »Was soll ich mit diesem Volk anfangen?« (Ex 17,3). Andererseits fühlte er sich bisweilen von Gott im Stich gelassen und klagte deprimiert: »Ich kann dieses ganze Volk nicht allein tragen, es ist mir zu schwer« (Num 11,14). Vermittler zu sein ist eine häufig sehr undankbare Aufgabe.

Doch gerade in Momenten der Hilflosigkeit erfuhr Mose, dass Gott ihn nicht alleinließ, sondern dass sich dessen Namensverheißung »Ich bin der ›Ich-bin-da‹« erfüllte. Gott zeigte sich als Ernährer seines Volkes, indem er ihm Wachteln und Manna in der Wüste gab (vgl. Ex 16). Gott stillte den Durst während der Wüstenwanderung, indem er Mose an den Felsen des Sinai schlagen ließ, sodass Wasser hervorsprudelte (vgl. Ex 17). In all diesen Situationen wurde Mose mehr und mehr mit seinem Gott vertraut. So kam es zur Gottesbegegnung auf dem Sinai unter Blitz und Donner (vgl. Ex 19,16–25) und zur Übergabe der Bundesurkunde mit den Zehn Geboten als Wegweisung (vgl. Ex 31,18).

Auf diesen Höhepunkt folgte allerdings bald ein absoluter Tiefpunkt. Nach dem Abstieg vom Berg musste Mose erleben, dass das Volk sich inzwischen von seinem Gott abgewandt hatte, indem es seinen Schmuck einschmolz, ein Goldenes Kalb goss und dieses als Götterbild verehrte (vgl. Ex 32). Die tiefere Botschaft dieser Geschichte lautet, dass sich der Mensch nicht von Gott und seinen Weisungen formen lassen will, sondern dass er sich selbst seinen Gott schafft. Der Tanz um das Goldene Kalb ist ja geradezu sprichwörtlich geworden und hat nichts an Aktualität verloren. Manchmal ist es das Geld, das an die Stelle Gottes tritt und um das sich alles dreht. Ein anderes Mal sind es öffentliche Anerkennung oder beruflicher Erfolg, Selbstsucht und Egoismus, die zum Goldenen Kalb werden können. Wir könnten genügend Beispiele für den Tanz um das Goldene Kalb in unserer Zeit finden, wo wir uns selbst oder andere Dinge an die Stelle Gottes setzen.

Aus Zorn über diesen Götzendienst des Volkes zerstörte Mose die beiden von Gott beschriebenen Bundestafeln und ließ einige der Verantwortlichen töten.

Trotz seiner Wut regte sich aber auch Mitleid in seinem Herzen.

Erneut stieg Mose auf den Sinai, um bei Gott für sein Volk als Mittler einzutreten und um Barmherzigkeit zu bitten (vgl. Ex 33).

Dabei fällt auf, dass es stets der Berg Sinai ist, auf dem Mose seinem Gott begegnet: im brennenden Dornbusch, im Wasser aus dem Felsen, in der schützenden Wolke. Die Kontinuität des Ortes verweist auf die Treue Gottes (vgl. Ex 19). Der Gipfel des Sinai gleicht einem Thron, auf dem sich Jahwe immer wieder niederlässt.

Mit zwei von ihm zurechtgehauenen Tafeln steigt Mose nun erneut auf den Berg hinauf. Auch das lässt sich weiterführend deuten. Gottes Wort gibt es nicht unmittelbar, sondern immer nur durch menschliche Vermittlung. Das bedeutet: Unsere Lebensgeschichte bildet wie die zwei selbst behauenen Steinplatten eine Grundlage, in die Gott seine Worte hineinschreibt. So dürfen wir seine Weisungen in unserer Lebensgeschichte immer wieder neu entdecken. Darauf verweist letztlich auch die Wolke, in die Mose eintritt. Als Schutz vor der tödlichen Unmittelbarkeit Gottes unterstreicht sie, dass ein Mensch Gott nie sehen kann, wie er wirklich ist. Kein Mensch kann das Angesicht Jahwes schauen. Er kann lediglich wie in einer Wolke seine numinose (weder erfassbare noch begreifbare, aber dennoch beglückende) Nähe erfahren.

Und doch wünschen wir Menschen uns tiefere Gotteserkenntnis, wie dies an der Bitte des Mose deutlich wird. Im Auf und Ab seiner Lebensgeschichte und im ständigen Ringen mit dem oft störrischen Volk wuchs zwischen Mose und Jahwe ein großes Vertrautsein. Daraus entstand der Wunsch: »Lass mich doch deine Herrlichkeit sehen« (Ex 33,18). Eigentlich ist es die Sehnsucht nach tieferer Erkenntnis, letztlich nach höchster Intimität. Das hebräische Wort »kabod« (»Herrlichkeit«) meint auch »Reichtum«, »Gewichtigkeit« und »Schwere«. Mose bittet seinen Gott, ihm sein Ich – sein innerstes Geheimnis, seinen Reichtum und sein eigentliches Gewicht zu offenbaren. Eigentlich stellt Mose damit die Menschheitsfrage nach dem letzten Sinn des Lebens.

Doch das Geheimnis Gottes ist für uns Menschen in seiner Fülle und Schwere, aber auch in seiner Einfachheit und Klarheit nicht zu erfassen. Gottes Herrlichkeit kann nur erspürt werden.

Jahwe erhört den Wunsch des Mose, indem er ihm zusagt: »Ich will meine ganze Schönheit an dir vorüberziehen lassen« (Ex 33,19). Das Vorüberziehen wiederum erinnert an das Pascha-Erlebnis in Ägypten, als der Todesengel an den Häusern der Hebräer vorüberging und diese verschonte, während er bei den Ägyptern einkehrte, um die erstgeborenen Söhne zu töten. Heil und Unheil, Rettung und Gericht, Vergebung und Strafe gehören zum Vorübergehen Gottes dazu, wie es die Selbstvorstellung

Jahwes gegenüber Mose veranschaulicht. So zeigt sich Gott einerseits reich an Erbarmen und Barmherzigkeit, dessen Vergebungsbereitschaft unfassbar ist. Tausenden Generationen, also undenklich vielen nimmt er Schuld und Sünde. Das hebräische Wort für Barmherzigkeit »rachamim« meint ursprünglich »Mutterschoß«. Wie eine Mutter mit ihrem Kind mitfühlt und es trotz aller Verfehlungen annimmt, weil sie dieses nach wie vor in ihrem Herzen trägt, so ist auch Gott großherzig und bereit zum Neuanfang mit seinem Volk. In seinem Mutterschoß sind wir Menschen stets geborgen. Andererseits ist es nicht der harmlose und liebe Gott, der alles durchgehen lässt. Gerechtigkeit hinter dem Rücken der Opfer kennt Gott nicht. So richtet er in vier Generationen, also innerhalb einer Hausgemeinschaft, die maximal unter einem Dach leben kann. Im Vergleich zu den tausend Generationen, denen er Barmherzigkeit erweist, mag das in keinem Verhältnis stehen. Doch dadurch wird deutlich, dass wir Menschen für unser Tun und Lassen Verantwortung tragen. Wir können uns unserer Lebensgeschichte niemals entziehen. Wir gehen nicht schuldlos durchs Leben, sondern verfehlen uns. Daher sind wir auf die Gerechtigkeit Gottes angewiesen, d.h. dass er es zum Guten richten wird. Dass diese Erkenntnis, bei der uns aufgeht, wo wir schuldig geworden sind, schmerzlich sein wird, versteht sich von selbst. In seiner mütterlichen Barmherzigkeit erspart uns Gott diesen Weg der Reinigung nicht, sondern er löst dadurch alle Verstrickungen in Sünde und Schuld.

Wenn sich bei diesem Gipfelerlebnis des Mose Gott in der sogenannten Gnadenformel mit 13 Eigenschaften vorstellt, dann wird dadurch deutlich, welche Vielfalt und welcher Reichtum sein Wesen prägt. Er lässt sich nicht berechnen, sondern zeigt sich unentwegt in unterschiedlichem Handeln und Charakterzügen.

Der Gott Israels erfüllt den Wunsch des Mose, seine Herrlichkeit sehen zu dürfen, aber auf seine Weise: »Kein Mensch kann mich sehen und am Leben bleiben« (Ex 33,20). Deshalb empfiehlt er Mose, sich in einen bergenden Felsspalt hineinzustellen, und versichert ihm, dass er schützend seine Hand über ihn halten wird. Von hinten darf er Jahwe sehen: seinen Rücken.

Auch dies ist ein beeindruckendes Bild mit einer tiefsinnigen Aussage. Häufig erkennen wir erst im Nachhinein Gott in seinem Wirken. Ein gutes Wort z. B., das uns jemand mitgegeben hat, wird zum Lebensmotto, welches unseren weiteren Weg maßgeblich bestimmt. Eine scheinbar zufällige Begegnung in der Jugend, die entscheidend den beruflichen Werdegang beeinflusst hat, wird im Rückblick auf das Leben als Initialzündung der eigenen Berufungsgeschichte entdeckt. Erst in der Rückschau werden die Momente der Gotteserfahrung einsichtig, sehen wir seine schützende Hand, die uns vor der Wucht seiner Gegenwart bewahrt hat, sehen wir sein Mitgehen auf unserem Lebensweg. Dabei wird deutlich: Momente des Glücks lassen sich nicht festhalten. Erst im Nachhinein wird deutlich, wem wir eigentlich begegnet sind. All das bringt die rückwärtige Ansicht Gottes zum Ausdruck, wenn Mose den Rücken des Herrn sehen darf. Der lange Weg durch die Wüste wird im Rückblick zum beglückenden Glaubensweg.

Aus dieser Begegnung heraus kommt es zum Neuanfang und zur Bundeserneuerung: »Vor deinem ganzen Volk werde ich Wunder wirken« (Ex 34,10). Damit ist das Volk Israel nicht mehr der Gefangene seiner Vergangenheit und Verfehlungen. Gott will sein Volk in die Freiheit führen. Für diesen Weg gibt er Weisungen, die ihm helfen sollen, sich vor falschen Abhängigkeiten zu bewahren. Die Botschaft auf dem Sinai ist eindeutig: Jahwe befreit immer wieder neu!

Vor dieser Gewichtigkeit, die die Rückschau Mose an Gotteseinsicht schenkt, wirft er sich nieder mit der Bitte: »Zieh doch mein Herr mit uns!« (Ex 34,9). Mose hat erfahren, dass Gottes Heilshandeln immer vorausgeht, dass das Wesen Gottes absolute Treue ist, auch wenn es dem Menschen schwerfällt, auf dem Weg seiner Weisung zu bleiben. Gott gibt immer wieder neue Chancen, weil er sein Volk liebt! Diese Botschaft strahlt Mose aus, als er vom Berg herabsteigt. Diese erbarmende Nähe Gottes hat ihn ganz und gar verändert. Jahwes innerstes Wesen ist Barmherzigkeit und Treue. Im gewachsenen Vertrauen zwischen Mose und Gott zeigt sich in der Rückschau immer deutlicher die Herrlichkeit des Herrn, die sich im strahlenden Gesicht des Mose spiegelt.

Der Auftrag Jesu: Ihr seid das Licht der Welt!

Jesus zog in ganz Galiläa umher, lehrte in den Synagogen, verkündete das Evangelium vom Reich und heilte im Volk alle Krankheiten und Leiden. Und sein Ruf verbreitete sich in ganz Syrien. Man brachte Kranke mit den verschiedensten Gebrechen und Leiden zu ihm, Besessene, Mondsüchtige und Gelähmte, und er heilte sie alle. Scharen von Menschen aus Galiläa, der Dekapolis, aus Jerusalem und Judäa und aus dem Gebiet jenseits des Jordan folgten ihm. Als Jesus die vielen Menschen sah, stieg er auf einen Berg. Er setzte sich, und seine Jünger traten zu ihm. Dann begann er zu reden und lehrte sie. Er sagte: Selig, die arm sind vor Gott; denn ihnen gehört das Himmelreich. Selig die Trauernden; denn sie werden getröstet werden. Selig, die keine Gewalt anwenden; denn sie werden das Land erben. Selig, die hungern und dürsten nach der Gerechtigkeit; denn sie werden satt werden. Selig die Barmherzigen; denn sie werden Erbarmen finden. Selig, die ein reines Herz haben;

denn sie werden Gott schauen. Selig, die Frieden stiften; denn sie werden Söhne Gottes genannt werden. Selig, die um der Gerechtigkeit willen verfolgt werden; denn ihnen gehört das Himmelreich. Selig seid ihr, wenn ihr um meinetwillen beschimpft und verfolgt und auf alle mögliche Weise verleumdet werdet. Freut euch und jubelt: Euer Lohn im Himmel wird groß sein. Denn so wurden schon vor euch die Propheten verfolgt. Ihr seid das Salz der Erde. Wenn das Salz seinen Geschmack verliert, womit kann man es wieder salzig machen? Es taugt zu nichts mehr; es wird weggeworfen und von den Leuten zertreten. Ihr seid das Licht der Welt. Eine Stadt, die auf einem Berg liegt, kann nicht verborgen bleiben. Man zündet auch nicht ein Licht an und stülpt ein Gefäß darüber, sondern man stellt es auf den Leuchter; dann leuchtet es allen im Haus. So soll euer Licht vor den Menschen leuchten, damit sie eure guten Werke sehen und euren Vater im Himmel preisen (Mt 4,23–5,16).

Die Rede auf dem Berg ist im Matthäusevangelium die erste von mehreren großen Ansprachen Jesu. Sie steht in Analogie zum Exodus, zum Auszug Israels aus Ägypten. Sie ist damit Erinnerung an die Grundgeschichte Israels. Hier wird Jesus als ganz und gar in der Tradition seines Volkes beheimatet vorgestellt. Wie Jahwe zunächst sein Volk in der Wüste mit Brot, Wasser und Fleisch nährte und dann erst die Thora als Wegweisung übergab, so gehen auch bei Jesus die Taten den Worten voraus. Großherzig heilt er physisch und psychisch Kranke von ihren Leiden, sodass deutlich wird, dass sein Evangelium vom Reich Gottes neues Leben ermöglicht. Sein Wort ist Evangelium, d.h. froh machende Botschaft verbunden mit Taten der Befreiung. Aus diesen befreienden Erfahrungen heraus kann Jesus wie Jahwe Wegweisungen geben. Auf dem Sinai hatte Gott seinem Volk als Präambel der Zehn Gebote aufgetragen: »Ich bin Jahwe, dein Gott, der dich aus Ägypten geführt hat, dem Sklavenhaus.

Du sollst neben mir keine anderen Götter haben« (Ex 20,2–3). Vom eigentlichen Sinn her könnten wir auch etwas freier übersetzen: »Ich bin der Herr, dein Gott, der dich befreit hat, deshalb wirst du keinen anderen Göttern nachlaufen!«

Dieses befreiende Handeln Gottes erfahren die Menschen nun in der Begegnung mit Jesus. Für sie ist er wirklich der Immanuel, der Gott mit ihnen (vgl. Mt 1,23). An ihm wird sichtbar, wie Gott ist. Darum laufen sie ihm nach. Darum folgen ihm die Volksmassen sowohl aus Israel als auch aus den heidnischen Nachbargebieten. Diese Nachfolge, die ein wichtiges Motiv im Matthäusevangelium ist, führt wie am Sinai zur Sammlung des Volkes aus unterschiedlichsten Traditionen. Aus der Erfahrung des Heils wächst Vertrauen.

So steigt auch Jesus auf einen Berg, auf den zweiten Gipfel im Matthäusevangelium. Analog zu Jahwe, der sich auf dem Sinai niederlässt, sodass dieser für ihn zum Thron und Lehrstuhl wird, setzt sich auch Jesus auf den Gipfel. Gott selbst spricht also durch ihn. Jesus ist der Immanuel, sein Wort ist Gotteswort. Es ist nicht mehr ein Vermittler notwendig, sondern Jesus selbst ist der Erfüller der Weisungen Jahwes, wie er später verkünden wird (vgl. Mt 5,17). Wer also ihm nachfolgt und vertraut, der wird wie Israel auf den Weg in die Freiheit geführt.

Mit den Jüngern oder mit den Schülern, wie wir das Wort »matätäs« besser übersetzen könnten, sind auch wir eingeladen, zu ihm hinzutreten und auf ihn zu hören. Sein Wort dürfen wir als Wegweisung für unser Leben annehmen. Auf dem »Berg der Weisung« wird gleichsam eine geistliche Landkarte ausgebreitet, die uns wie Mose hilft, in der Rückschau Gottes Wirken in unserem Leben zu entdecken. Dabei spielt der Auftakt mit den Seligpreisungen eine entscheidende Rolle.

Es bereitet einige Schwierigkeiten, das griechische Wort »makarios« (»selig«) ins heutige Deutsch zu übertragen. Letztlich geht es um geglücktes Leben. Glück beschreibt ja ein Gefühl von Vollkommenheit und Ewigkeit, das wir nicht festhalten oder in Worte fassen können. In Glücksmomenten, wenn die Zeit vor lauter Freude stehen bleibt, erspüren wir etwas vom Wesen Gottes. »Glücklichsein« im Sinn der Bergpredigt meint eine Haltung, die etwas aufstrahlen lässt von der Herrlichkeit des Herrn. Das meint keine Vertröstung auf die Ewigkeit, sondern bedeutet, dass im Hier und Jetzt unseres Lebens das Glück, d.h. die Ewigkeit, der Himmel und damit Gott aufblitzen. Nicht umsonst sprechen wir vom Glückspilz oder vom siebten Himmel, wenn wir im Glück schwelgen. Wir könnten auch sagen: Wer in seiner Seele beglückend berührt wird, der ist selig.

»Selig, die arm sind vor Gott«, diese erste Seligpreisung, die einer Widmung für die Armen gleichkommt, könnten wir etwas freier übertragen: Glückliche Menschen sind Menschen, die loslassen können, weil sie gelernt haben, Gott zu vertrauen und alles von ihm zu erwarten. Sie wollen sich von Gott beschenken lassen. Weil sie letztlich ihm alles zutrauen, sind sie von ihrer Gesinnung her arm. Durch solche Menschen, die sich als Bettler vor Gott verstehen, strahlen seine Herrlichkeit und sein Reich auf. Eigentlich sind es Menschen, die ihr Menschsein annehmen, Menschen also, die nicht mehr alles können und haben müssen und sich damit mit Gott gleichsetzen, sondern die wissen: Letztlich ist alles Geschenk. Im Blick auf die Botschaft des ersten Gipfels, des Berges der Erprobung, sind es Menschen, die von sich selbst loslassen, um Gott ganz einzulassen in ihr Leben. In diesem Vertrauen glückt ihr Leben und strahlt der Himmel auf.

Dieser Gedanke der »Armut vor Gott« ist wie ein roter Faden, der alle acht Seligpreisungen durchzieht. Alle Seligpreisungen gleichen unterschiedlichen Wegen, um glücklich zu sein. Es gibt verschiedene Teilhaben an geglücktem Leben, sodass Gottes Herrlichkeit hineinleuchtet in unsere Zeit, wie es uns die Themen der verschiedenen Seligpreisungen verdeutlichen: Barmherzigkeit, Friedfertigkeit, Gerechtigkeit.

Dies stimmt nachdenklich, weil in unserer Leistungs- und Konsumgesellschaft der Slogan gilt: »Jeder ist seines Glückes Schmied.« Es ist üblich, sich sein Glück selbst zu schaffen und zu kaufen. Wie schwer ist es für Menschen, die scheinbar alles haben, sich noch beschenken zu lassen. Vielmehr sollten wir uns gerade in unserer Sattheit als »Arme vor Gott« neu entdecken. Wiederum wird deutlich, wie sehr wir auf die Barmherzigkeit Gottes, auf seine mütterliche und väterliche Liebe angewiesen sind. Das verpflichtet auch uns selbst, barmherzig zu sein, Menschen zu werden, die Gottes Liebe ausstrahlen (vgl. Mt 5,7).

Im Blick auf das Gipfelerlebnis der Gottesschau des Mose lohnt es sich, die sechste Seligpreisung noch etwas eingehender zu betrachten: »Selig, die ein reines Herz haben, denn sie werden Gott schauen« (Mt 5,8). Was ist damit gemeint? Bei der Herzensreinheit geht es weder um kultische Reinheit als Voraussetzung für die Gottesbegegnung, die sich z.B. in Waschungen, Speisevorschriften oder sexueller Enthaltsamkeit zeigt. Noch wird damit eine Abschottung von der bösen Welt gefordert, um so das Innerste von allen unguten Einflüssen sauber zu halten.

Das Herz gilt nach biblischem Verständnis als Mitte des Menschen. Es ist Sitz der Gefühle, des Denkens und Wollens sowie des Gewissens. Es steht für den Menschen selbst. Wenn es nun darum geht, sein Herz rein zu halten, dann bedeutet dies, sich immer wieder kritisch zu prüfen: »Bin ich mit mir, meiner Umwelt, meinem Gott im Reinen?« Das griechische Wort für »rein« lautet »krino« und bedeutet ursprünglich »geschieden sein« und »unterschieden sein«. Unsere Wörter »Krise« und »Kritik« leiten sich davon ab. Das deutsche Wörtchen »rein« kommt ganz wie das griechische »krino« aus dem Indogermanischen und meint »gesiebt sein«. Das reine Herz ist also ein gesiebtes Herz, das Phasen der Unterscheidung und Prüfung, also auch Kritik und Krisen zulässt und all das als Chance versteht. Wir werden uns dieser Thematik noch intensiver auf dem dritten Gipfel des Matthäusevangeliums widmen. So gehört zum reinen Herzen die kritische Selbstsicht auf das, was sich in meinem Herzen regt: »Was liegt mir wirklich am Herzen? Bin ich ehrlich mit mir selbst?« Das gesiebte Herz ist sich bewusst: »Ich bin auf dem Weg, aber noch nicht am Ziel.«

Aus diesem Grund kritisiert Jesus die Praxis der Pharisäer, die akribisch darauf achten, dass die jüdischen Reinigungsvorschriften äußerlich eingehalten werden, aber nicht innerlich verwurzelt sind (vgl. Mt 15). In diesem Zusammenhang zitiert Jesus den Propheten Jesaja: »Dieses Volk ehrt mich mit den Lippen, sein Herz aber ist weit weg von mir« (Jes 29,13). Was das bedeutet, führt er im Anschluss aus: »Nicht was in den Menschen hineinkommt, macht ihn unrein, sondern was aus seinem Herzen herauskommt: böse Gedanken wie Mord, Unzucht, Verleumdung, Diebstahl, falsche Zeugenaussagen.« Daher warnt Jesus in der Bergpredigt vor dem Ehebruch im Herzen (vgl. Mt 5,28). An anderer Stelle wird das Verhältnis zu Gott mit dem Verhältnis des Menschen zu Geld und Besitz verglichen, wenn Jesus zu bedenken gibt: »Wo euer Schatz ist, da ist euer Herz« (Mt 6,21). Reinheit des Herzens hat somit etwas mit den Fragen zu tun: »Was bewegt mein Herz? Was ist mein kostbarster Schatz? Tanze auch ich wie einst Israel um ein Goldenes Kalb?«

Die Reinheit des Herzens fordert also eine Verinnerlichung des Evangeliums, dass ich alles, was sich in meinem Herzen regt, mit der Weisung Jesu konfrontiere und kritisch reflektiere. Letztlich geht es darum, darauf zu achten, dass das eigene Herz in die Verbindung mit Gott kommt, sodass der Vorwurf: »das Herz ist weit weg von mir«, nicht auf uns zutrifft. Vielmehr gilt es, auf die Aufforderung in der Feier der Eucharistie »Erhebet die Herzen!« überzeugt antworten zu können: »Wir haben sie beim Herrn.«

All das ist Voraussetzung dafür, dass der Mensch für die Gottesbegegnung frei wird, wie es die Seligpreisung verheißt: »Selig, die ein reines Herz haben, denn sie werden Gott schauen.« Wir können diese Seligpreisung noch etwas weiter fassen: Unser Leben glückt, wenn wir in uns gehen und Gottes Willen suchen, um mit ihm und mit uns ins Reine zu kommen. Unser Leben glückt, wenn und weil wir uns um Lauterkeit mühen, indem wir unser Gewissen prüfen und Gott mit ganzem Herzen vertrauen (vgl. Dtn 6,4–6). Dies ist die Gipfelbotschaft, die schon an Mose deutlich wurde. Das reine Herz ist mit Gott vertraut geworden und erkennt in der Rückschau Gottes Wirken in seinem Leben.

Nichts anderes geschieht direkt im Anschluss an die Bergpredigt, wenn der Evangelist Matthäus davon berichtet, wie Jesus einen Aussätzigen heilt (vgl. Mt 8,1–4). Nach dem Urteil seiner Zeitgenossen ist dieser Mensch unrein, d. h. aus der menschlichen Gemeinschaft und somit von allen Kulthandlungen ausgeschlossen. Vertrauensvoll äußert der Aussätzige die Bitte: »Herr, wenn du willst, kannst du mich rein machen!« Wir dürfen uns in diesem Menschen ein Stück weit wiederfinden. Seine Bitte kann für uns zum Herzensgebet werden: »Herr, wenn du willst, kannst du mich rein machen!« Denn wie oft sind auch wir mit unseren Herzen weit weg von Gott.

Selig sind also Menschen, die mutig von sich loslassen können, die es vertrauensvoll riskieren, sich Gottes Liebe auszuliefern und so seiner Barmherzigkeit zu vertrauen. Selig sind Menschen, die wie Mose in der Rückschau erkennen, wann ihr Herz von Gott erfüllt war. Selig sind Menschen, die sich ihm ausliefern mit ihren Bedürfnissen, ihren Gefühlen, ihren Sehnsüchten und Gedanken. Selig sind die, die das schaffen! Letztlich zeigt sich darin die Sehnsucht, dass Gott ganz und gar mit mir vertraut werden soll. Das wiederum motiviert, seinen Weisungen zu glauben und auf dem Weg der Nachfolge treu zu bleiben.

Wenn unser Leben so glückt, dann strahlt Gottes Herrlichkeit an uns auf, sodass sich das Wort Jesu erfüllt: »Ihr seid das Licht der Welt. Eine Stadt, die auf einem Berg liegt, kann nicht verborgen bleiben« (Mt 5,14). Menschen der Seligpreisungen werden so zu strahlenden Zeugen, die wie Mose verwandelt vom Berg hinabsteigen. Das ist die Ausstrahlung, die von Jesus ausgeht und Menschen motiviert, ihm zu vertrauen, wenn es am Ende der Bergpredigt heißt: »Als Jesus diese Rede beendet hatte, war die Menge sehr betroffen von seiner Lehre; denn er lehrte sie wie einer, der (göttliche) Vollmacht hat, und nicht wie ihre Schriftgelehrten. Als Jesus von dem Berg herabstieg, folgten ihm viele Menschen« (Mt 7,28–8,1). Die Stadt auf dem Berg beginnt vielfältig zu leuchten, auch durch uns!

Die Ermutigung Benedikts: Höhlt den Felsen aus!

Drei Klöster, die Benedikt in dieser Gegend errichtet hatte, lagen weit oben in den Felsen des Gebirges. Für die Brüder war es sehr mühsam, jedes Mal zum See hinabzusteigen, um Wasser zu schöpfen. Vor allem die steil abfallende Bergwand war sehr gefährlich und machte ihnen beim Abstieg Angst. So kamen die Brüder aus diesen drei Klöstern gemeinsam zum Diener Gottes Benedikt. Sie sagten: Es ist sehr mühsam für uns, jeden Tag zum See hinabzusteigen, um Wasser zu holen. Die Klöster müssen unbedingt von dort verlegt werden.

Benedikt tröstete sie liebevoll und entließ sie. In der folgenden Nacht stieg er mit dem jungen Placidus – ich habe ihn bereits erwähnt – auf die Felsenhöhe. Dort betete er sehr lange. Nach dem Gebet legte er an dieser Stelle als Erkennungszeichen drei Steine übereinander. Dann kehrte er in sein Kloster zurück, ohne dass dort oben jemand etwas bemerkt hatte. Am anderen Tag kamen die Brüder wegen der Mühsal des Wasserholens wieder zu ihm. Benedikt sagte: Geht! Wo ihr drei aufeinandergelegte Steine findet, dort höhlt den Felsen ein wenig aus. Der allmächtige Gott kann doch auch auf jenem Berggipfel Wasser hervorsprudeln lassen, um euch die Mühsal des Weges zu ersparen.

Sie stiegen wieder hinauf und fanden den Felsen, den Benedikt gekennzeichnet hatte. Da er schon feucht wurde, schlugen sie ein Loch, das sich sofort mit Wasser füllte. Das Wasser floss so stark, dass es bis heute reichlich hinabströmt und sich vom Gipfel des Berges ins Tal ergießt (Buch der Dialoge II, 125ff.).

Eigentlich entspricht die Gründung der drei Klöster in den Felsen nicht den Anforderungen, die Benedikt in seiner Regel vorgibt: »Das Kloster soll, wenn möglich, so angelegt werden, dass sich alles Notwendige, nämlich Wasser, Mühle und Garten, innerhalb des Klosters befindet und die verschiedenen Arten des Handwerks ausgeübt werden können. So brauchen die Mönche nicht draußen herumzulaufen, denn das ist für sie überhaupt nicht gut« (RB 66,6–7). In diesem Zusammenhang spricht der Mönchsvater ein geistliches Problem an. Im ersten Kapitel seiner Regel warnt Benedikt vor einer abscheulichen Art von Mönchen, die so lange wie es ihnen gefällt, in einem Kloster bleiben. Wenn es aber zu Problemen und Konflikten kommt, dann ziehen sie weiter, um sich eine neue Bleibe zu suchen. »Immer unterwegs, nie beständig« (RB 1,11) sind sie getriebene Menschen, die nie zu sich selbst finden. Daher wünscht Benedikt, dass sich seine Mönche durch das Gelübde der Beständigkeit an eine konkrete Gemeinschaft dauerhaft binden (vgl. RB 58,17). Gerade durch die Konfrontation mit alltäglichen Herausforderungen und Schwierigkeiten kann es zu einem inneren Reifungsprozess und zu einem geistlichen Fortschritt kommen. Freilich wird das oft mühsam und anstrengend sein.

Die Brüder dieser Klöster im Gebirge müssen tagtäglich mit großer Anstrengung den gefährlichen Abstieg auf sich nehmen, um Wasser aus dem See zu holen. Subiaco ist der Ort, wo Benedikt als Vater der Gemeinschaft lebt. Dort, am Ort der Sammlung, füllt man sich geistlich wieder auf. Aber das Hinuntersteigen, als Akt der Demut, ist beschwerlich. Deshalb spricht Benedikt in seiner Regel von der Mühe des geistlichen Lebens (vgl. RB Prol 3). Es ist mühsam, jeden Tag neu aufzustehen, zu beten, zu meditieren, andere mit ihren Schwächen zu ertragen, sich selbst anzunehmen usw. Oft genug stellt sich der Wunsch ein: »Eigentlich möchte ich alles aufgeben und weggehen.« Manches erscheint einfach vergeblich und die eigene Halbherzigkeit lähmt: »Jetzt reicht's mir – das ist ja hier alles zum Davonlaufen!« Das fehlende Wasser steht dann für die Aussichtslosigkeit und die innere Trockenheit, die wiederum zu Unfruchtbarkeit und Durst führen. So verstanden sind die Brüder wirklich Arme vor Gott, die sich wie das Volk Israel auf seinem Wüstenzug nach Quellorten mit frischem Wasser sehnen. Ebenso spiegelt die Geschichte die Erfahrung, dass wir in schwierigen Situationen häufig dazu neigen, schnell einen bequemeren Ort, eine bequemere Lebensweise oder ein bequemeres Auskommen zu suchen. Das mag alles menschlich nachvollziehbar sein. Allerdings stehen die Brüder vor der Gefahr, dass die »Lichter in der Stadt auf dem Berg« ausgehen, weil sie die Klöster ins Tal verlegen wollen (vgl. Mt 5,14). Dann haben sie keine Quellen und keine Kraft mehr. Dann haben sie aufgehört zu strahlen, wenn sie zum Abt hinabsteigen. Sie wollen nicht mehr bleiben. Letztlich künden sie die Beständigkeit auf.

Mit ihrem Wunsch nach Erleichterung suchen sie den Rat Benedikts (vgl. RB 68). Dieser zeigt Verständnis für ihre schwierige Situation und tröstet sie liebevoll. Das lateinische Wort »consolor« kann auch »ermutigen« bedeuten und leitet sich von »sle« ab und bedeutet »gut und fröhlich machen«. Ganz in diesem Sinn spricht Benedikt kein anklagendes oder vorwurfsvolles Wort. Vielmehr motiviert der Abt seine Mitbrüder zum Bleiben entsprechend der Weisung der Regel: Wenn es härter oder schwerer im Kloster zugeht, »dann lass dich nicht sofort von Angst verwirren und fliehe nicht vom Weg des Heils; er kann am Anfang nicht anders sein als eng« (RB Prol 48).

Das ist keine Vertröstung nach dem Motto: »Ihr müsst das Ganze nur aussitzen. Es wird schon wieder besser werden.« Vielmehr stellt sich Benedikt dem Problem, das er in seiner Tiefendimension als geistlichen Mangel erkennt, indem er bei Nacht hinaufsteigt. Benedikt stellt sich also der »Nacht« in den Herzen seiner Mitbrüder. Dabei nimmt er Placidus, den Jüngsten, mit. Auch das könnte ein Hinweis sein. In seiner Regel weist Benedikt den Abt an, dass er nicht nur auf die erfahrenen Mönche hören, sondern auch den Rat der Jüngsten einholen soll, »weil der Herr oft einem Jüngeren offenbart, was das Bessere ist« (RB 3,3). Wer neu im Kloster ist, der hat noch einen großen Eifer, der hat noch eine ungestillte Sehnsucht, Gott zu finden. Ein Neuling sucht mit ganzem Herzen die Quellen und schwimmt mutig gegen den Strom. Mit ihren Idealen können Novizen schädliche Routineabläufe aufdecken und so wieder auf die eigentlichen Quellen verweisen.

Es heißt, dass Benedikt lange an dem Ort betet. Neben allen praktischen Beweggründen sucht er die Hinordnung auf Gott, die lebendige Beziehung mit ihm. Das lange Verweilen im Gebet auf dem Berg zeigt die Stabilität Benedikts. Bei allen Nöten bewahrt er sich seine Vertrautheit mit Gott. Ihm öffnet er sein

Herz. Er sucht stets eine Lösung zusammen mit ihm. Nachdem Benedikt die Stelle markiert hat, verlässt er diskret wieder den Ort und kehrt in sein Kloster zurück.

Am nächsten Tag kommen die Brüder erneut mit ihrer Bitte um Verlegung zum Abt. Sie zeigen damit, wie sehr sie Benedikt bei der Problemlösung vertrauen. Doch dieser schickt sie erneut ins Kloster zurück mit der Zusage, dass der Herr, der alles vermag, auch auf Berggipfeln Wasser hervorsprudeln lassen kann (vgl. RB 28,5). Es ist bewundernswert, dass Benedikt völlig in den Hintergrund tritt, indem er auf Gott verweist. Er will die Brüder nicht von sich abhängig machen. Mit Gott sollen sie dagegen vertraut werden. Das ist letztlich der Sinn und Zweck des Gelübdes der »stabilitas«, der Beständigkeit. Im beharrlichen Bleiben bei Gott und im Aushalten auf seinem Weg finden sie die Quellen und werden wie Mose mit Gott immer vertrauter! Benedikt ist dabei wie Mose lediglich Mittler und Werkzeug. Hingehen und nachgraben allerdings müssen die Mönche selber. So schickt Benedikt sie wieder mit einem Auftrag nach oben. Dort, wo sie wohnen, finden sie die Quellen, wenn sie nur selbst mutig ans Werk gehen.

»Cavate rupem!« (»Höhlt den Felsen aus!«) Diese Anweisung Benedikts erinnert an die Felsnische, in der Mose sich verbirgt und in der Rückschau Jahwes Herrlichkeit sehen darf. »Grabt nach in eurem Leben, bis ihr die Quellen (wieder) findet. Überlegt, wo ihr ihm in der Vergangenheit ihm begegnet seid, welche Quellen euch damals den Durst gelöscht haben. Grabt nach in der Tiefe eures Herzens, sodass dieses wieder freigelegt wird, für die Begegnung mit dem Herrn.«

Letztlich will Benedikt, dass seine Brüder durch das Bleiben lernen, beständig mit Gott zu leben, gerade auch in Defiziterfahrungen, also im Leid. Sie sollen ihre Herzen erneut in Gott verankern. Es nützt nichts, von Idealen an anderen Orten zu träumen. Freilich kann manchmal auch ein Neuanfang notwendig sein, aber die Erfahrung zeigt, dass man sich meistens mit seinen Problemen mitnimmt. Eigentlich kann man sich fremde Quellen sparen, wenn man die eigene Quelle durch Ausgraben, d. h. »in die Tiefe gehend« neu findet. Das meint das Gelübde der Beständigkeit. Dazu gehört die Reinheit des Herzens, die stets erneuert werden muss, indem wir uns vertrauensvoll Gott und seiner unermesslichen Barmherzigkeit öffnen: denn mit ihm sollen wir immer mehr vertraut werden. Daher empfiehlt Benedikt bereits zu Beginn seiner Regel: »Neige das Ohr deines Herzens, nimm den Zuspruch des gütigen Vaters willig an und erfülle ihn durch die Tat« (RB Prol 1). Ebenso wünscht der Mönchsvater, dass alle bösen Gedanken, die sich ins Herz einschleichen können, an Christus, dem Felsen, zerschmettert werden, indem man sie dem geistlichen Vater eröffnet (vgl. RB 4,50). Diese Offenheit ist die Voraussetzung dafür, dass ein anderer heilend wirken kann. Ohne Scham und Angst, aber mit großem Vertrauen, gilt es, all das, was uns im Herzen beschäftigt, vor Gott zu bringen. »All mein Sehnen, Herr, liegt offen vor dir. Mein Seufzen ist dir nicht verborgen« (Ps 38,10; RB 7,23). Dies haben die Mönche getan, indem sie wiederholt zu ihrem Abt Benedikt hinabgestiegen sind und ihm ihre Anliegen vortrugen.

Diese Herzenseröffnung aber ist stetige Mühe und Arbeit, die getragen ist von der Sehnsucht, mit sich selbst, mit seinem Umfeld, mit seinem Gott ins Reine zu kommen. Das ist gemeint, wenn Benedikt den Rat gibt: »Höhlt den Felsen aus!«

Durch Beständigkeit werden die drei Klöster auf dem Berg neu zum Strahlen gebracht, sodass sie neu zu ihren Quellen finden: Die Lichter gehen nicht aus, die Quellen versiegen nicht, sie sprudeln bis heute!

Zweite Gipfelbotschaft:
Durch Beständigkeit neue Tiefe finden

Ein Berg wird Schritt für Schritt bestiegen. Dabei gilt es, den Karten und Wegweisern zu vertrauen. Freilich wird es manchmal vorkommen, dass man sich verläuft und zur letzten Markierung zurückkehren muss. Bei allem Ärger, den solches Umkehrenmüssen bedeutet, sollte dies aber nicht zur Resignation führen. Auch wird es anstrengende Wegpartien geben. Das müssen nicht immer die steilen Stellen sein. Auch eine lange Forststraße, deren Auf und Ab nicht absehbar ist, kann ermüdend sein. Erst in der Rückschau wird deutlich, zu welchem Gipfelglück uns manch kräftezehrende Wegstrecke geführt hat. Beim Abstieg frage ich mich manchmal: »Bin ich das wirklich alles gegangen?«

Ganz ähnlich ist es auch im Blick auf unsere Gottesbeziehung. Unser geistlicher Weg kann mühsam und ermüdend sein. Es gibt Wegstrecken, wo wir uns fragen: »Wie lange noch?« Dabei ist es hilfreich und tröstlich, auf das Beispiel vorangegangener Bergwanderer wie Mose, Jesus oder Benedikt zu schauen. Sie können für uns Wegweiser auf unserem Weg zu Gott sein.

Trotz aller Schwierigkeiten bleibt Mose auf dem Weg und wird so immer vertrauter mit seinem Gott. In der Rückschau erkennt er, dass Jahwe seine Namensoffenbarung wahr gemacht hat und stets mit ihm gegangen ist. Das strahlte Mose aus, als er vom Berg hinabstieg. Auch Jesus und Benedikt ermutigen uns mit ihren Wegweisungen, bei Schwierigkeiten nicht aufzugeben. Gerade in unserer Not dürfen wir dem Vater alles mitteilen, was uns in unserem Herzen bewegt. Diese Herzenseröffnung aber kann Schritt für Schritt zu einem größeren Vertrauen führen. Freilich ist es anstrengend, dranzubleiben, an sich zu arbeiten und den inneren Felsen stetig auszuhöhlen. Aber diese innere

Begegnung mit sich selbst kann zur vertieften Schau Gottes führen, die beglückt und ausstrahlt.

Mich beeindruckt in diesem Zusammenhang die Lebensgeschichte von Etty Hillesum, einer jungen jüdischen Frau, die am 30. Nov. 1943 im Konzentrationslager Ausschwitz ermordet worden ist. Atheistisch groß geworden, entdeckte sie durch die Selbstreflexion des Tagebuchschreibens immer mehr die Existenz Gottes in ihrem Leben. Zunächst war ihr der Gottesbezug verständlicherweise noch fremd. Aber mit der Zeit wurde sie mit ihm immer vertrauter, indem sie ihn teilhaben ließ an dem, was sie im Innersten bewegte. Dabei spielten gerade die Ängste, denen sie aufgrund der Verfolgung ausgesetzt war, eine besondere Rolle. Mit beeindruckenden Worten hat Etty Hillesum diesen inneren Prozess des Vertrautwerdens mit ihrem Gott beschrieben: »In mir gibt es einen ganz tiefen Brunnen. Und darin ist Gott. Manchmal ist er für mich erreichbar. Aber oft liegen Steine und Geröll auf dem Brunnen und dann ist Gott begraben. Dann muss er wieder ausgegraben werden.«

Eigentlich ist das die Wegweisung, die uns auf dem zweiten Berggipfel gegeben wird. Gott ist da, ganz tief in unserem Inneren. Er will für uns Leben und Heil sein, wie das Wasser aus der Tiefe eines Brunnens. Das entledigt mich aber nicht meiner Verantwortung, selbst nach der Quelle zu graben. Es gilt, meinen Weg Schritt für Schritt selbst zu gehen, auf sein Wort hin selbst zu graben und mich auf alles einzulassen, was zuinnerst von Gott her auf mich zukommt. Dabei werden mir seine Wegweisungen vom zweiten Gipfel hilfreich sein. Auch kann ich mich an Mose, Benedikt und den vielen namenlosen Gottsuchern orientieren. Meinen eigenen Berufungsweg aber muss ich Tag für Tag selber gehen.

Nichts anderes meint das Gelübde der Beständigkeit. Bisweilen bedeutet dies, sich ehrlich zu fragen: »Wo muss ich in meinem

Herzen neu zu graben beginnen?« Es hilft nichts, einfach vor sich selbst wegzulaufen. Vielmehr gilt es, stabil auf dem Weg zu bleiben und in meinem Leben Gott zu suchen, der will, dass ich seine Liebe aufnehme und ausstrahle. Er spricht mir in der Tiefe meines Herzens zu: »Ich glaube an dich!«

3 Berg der Rettung: Hör mal!

Es vergeht wohl keine Woche, in der nicht in den Medien von irgendeiner Krise berichtet wird: Wirtschaftskrise, Finanzkrise, Flüchtlingskrise usw. Hinzu kommen zusätzliche Krisenherde, die die internationale Politik beschäftigen. Selbstredend gibt es viele Krisen im Großen wie im Kleinen. So ist es fast schon zur stehenden Redewendung geworden, wenn überraschend etwas über uns hereinbricht, sodass wir dann feststellen: »Ich krieg die Krise!«

Krisen sind unangenehm. Da sie meistens unerwartet auftreten und in ihrer Komplexität zunächst undurchsichtig erscheinen, bedrohen sie unser Sicherheitssystem. Krisen können uns leicht aus der gewohnten Bahn werfen. Bisweilen kommt mancher aus seiner Lebenskrise nicht mehr hinaus.

Es ist bedenkenswert, dass sich das Wort Krise vom griechischen Verb »krinein« ableitet, das »trennen, scheiden, unterscheiden« bedeutet. »Krisis« meinte daher ursprünglich »Meinung, Beurteilung, Unterscheidung, Entscheidung«. Hier wird deutlich, dass sie verwandt ist mit der »Kritik«, die ja auch zur Unterscheidung führen will.

Eine Krise, so unangenehm und bedrohlich sie auch sein mag, kann uns gleichwohl Hilfe zur Unterscheidung und Entscheidung sein. Durch sie kann sich etwas klären, indem im wahrsten Sinn des Wortes etwas »ent-täuscht« wird. Damit wird der häufig verwendete Slogan »In der Krise liegt die Chance!« verständlich. Freilich bleibt die Frage, ob die Chance erkannt und ergriffen wird, sodass es zur Erneuerung kommen kann. So braucht es in Krisen wache Augen und offene Ohren, d. h. eine hohe Sensibilität für das, was wirklich geschieht. Oft bleiben wir ja beim Vordergründigen, beim Enttäuschenden stehen, ohne dabei im wahrsten Sinn des Wortes zu »ent-decken«, worum es wirklich geht. Was bis dato »ver-deckt« war, muss sensibel offen gelegt und analysiert werden, sodass eine Krise zur Chance werden kann, um einen neuen Anfang zu setzen.

In diesem Zusammenhang denke ich an meine Noviziatszeit im Kloster, als ich selbst eine Krise durchlebte. Ein Mitbruder in Leitungsfunktion, der dies sensibel beobachtete, suchte mit mir das Gespräch, indem er mich humorvoll aufforderte: »Hör mal, mein Lieber, was ist eigentlich los?« Die Doppeldeutigkeit dieser Aufforderung gefällt mir, denn Krisenzeiten sind Zeiten des Hörens auf das, was eigentlich los ist. Wie schnell beginnen wir mit dem Krisenmanagement und vergessen dabei die notwendige Analyse dessen, was eigentlich los ist. Von daher kann die Aufforderung: »Hör mal, mein Lieber, was ist eigentlich los?« recht hilfreich sein, damit wir nicht in blindem Aktionismus untergehen.

Die Krise des Elija: Nun ist es genug!

Ahab erzählte Isebel alles, was Elija getan, auch dass er alle Propheten mit dem Schwert getötet habe. Sie schickte einen Boten zu Elija und ließ ihm sagen: Die Götter sollen mir dies und das antun, wenn ich morgen um diese Zeit dein Leben nicht dem Leben eines jeden von ihnen gleichmache. Elija geriet in Angst, machte sich auf und ging weg, um sein Leben zu retten. Er kam nach Beerscheba in Juda und ließ dort seinen Diener zurück. Er selbst ging eine Tagereise weit in die Wüste hinein. Dort setzte er sich unter einen Ginsterstrauch und wünschte sich den Tod. Er sagte: Nun ist es genug, Herr. Nimm mein Leben; denn ich bin nicht besser als meine Väter. Dann legte er sich unter den Ginsterstrauch und schlief ein. Doch ein Engel rührte ihn an und sprach: Steh auf und iss! Als er um sich blickte, sah er neben seinem Kopf Brot, das in glühender Asche gebacken war, und einen Krug mit Wasser. Er aß und trank und legte sich wieder hin. Doch der Engel des Herrn kam zum zweiten Mal, rührte ihn an und sprach: Steh auf und iss! Sonst ist der Weg zu weit für dich. Da stand er auf, aß und trank und wanderte, durch diese Speise gestärkt, vierzig Tage und vierzig Nächte bis zum Gottesberg Horeb. Dort ging er in eine Höhle, um darin zu übernachten. Doch das Wort des Herrn erging an ihn: Was willst du hier, Elija? Er sagte: Mit leidenschaftlichem Eifer bin ich für den Herrn, den Gott der Heere, eingetreten, weil die Israeliten deinen Bund verlassen, deine Altäre zerstört und deine Propheten mit dem Schwert getötet haben. Ich allein bin übrig geblieben und nun trachten sie auch mir nach dem Leben. Der Herr antwortete:

Komm heraus und stell dich auf den Berg vor den Herrn! Da zog der Herr vorüber: Ein starker, heftiger Sturm, der die Berge zerriss und die Felsen zerbrach, ging dem Herrn voraus. Doch der Herr war nicht im Sturm. Nach dem Sturm kam ein Erdbeben. Doch der Herr war nicht im Erdbeben. Nach dem Beben kam ein Feuer. Doch der Herr war nicht im Feuer. Nach dem Feuer kam ein sanftes, leises Säuseln. Als Elija es hörte, hüllte er sein Gesicht in den Mantel, trat hinaus und stellte sich an den Eingang der Höhle (1 Kön 19,1–13).

Mit dem Propheten Elija, der im 9. Jh. v. Chr. in Israel auftrat, begegnet uns ein Gottesmann, der eine schwere Lebenskrise durchlebte und auf dem Gipfel des Horeb, wie der Sinai auch genannt wird, zu einer ganz neuen Erkenntnis kam. Sein Name Elija, der »Mein Gott ist Jahwe« bedeutet, war sein Lebensprogramm. In der Auseinandersetzung mit der Götterwelt anderer Religionen sowie dem Götzenkult fremder Kulturen setzte er sich mit großer Entschiedenheit und brennendem Eifer für die alleinige Verehrung und Zuständigkeit Jahwes ein.

Im Unterschied zu seinem späteren Nachfolger Elischa, der eine Prophetengruppe um sich bildete, war Elija als Einzelkämpfer unterwegs. In seiner Ruhelosigkeit erwanderte er weite Räume und suchte die Herausforderung mit seinen Gegnern. Im NT ist er der am häufigsten genannte Prophet. Aufgrund seines entschiedenen »Ein-Gott-Glaubens« wird er bis heute in allen drei monotheistischen Weltreligionen hoch verehrt.

Elija war ein Prophet mit ausgemachter Bergerfahrung. Auf dem Karmel stellte er sich dem Kampf gegen den Baalskult und setzte sich mit Feuereifer für den reinen Jahwe-Glauben ein. Baal wurde als jugendlicher, kraftvoller Wettergott verehrt, von dem man glaubte, dass er die Wolken vor sich hertreiben, Gewitter und Regen bringen und damit Fruchtbarkeit und Leben schenken könnte. König Ahab hatte die Baalverehrung im Nordreich

Israel eingeführt und die Errichtung von entsprechenden Baalstempeln in Samaria gefördert. Dadurch kam es in der Bevölkerung zur Abkehr vom »Jahwe-Glauben«. Auch Ahabs Frau Isebel, eine ursprünglich phönizische Prinzessin, war eine glühende Verehrerin Baals, wie sie es aus ihrer Heimat gewohnt war. Diese familiäre Verbindung zum benachbarten Händler- und Seefahrervolk der Phönizier brachte für das Nordreich eine neue wirtschaftliche und kulturelle Blüte. Mit seiner Religionspolitik der Baalsverehrung verfolgte Ahab also ausgemachte außenpolitische und ökonomische Ziele.

In dieser Gemengelage suchte Elija die kämpferische Auseinandersetzung. Als Strafaktion Jahwes kündigte der Prophet dem Land eine verheerende Dürreperiode an: »So wahr der Herr, der Gott Israels, lebt, in dessen Dienst ich stehe: In diesen Jahren sollen weder Tau noch Regen fallen, es sei denn auf mein Wort hin« (1 Kön 17,1). Nach dreijähriger Trockenzeit kam es schließlich auf dem Karmel zur Machtprobe zwischen Elija und den 450 Baalspriestern. Während diese erfolglos Baal anriefen und ihn baten, ihr Stieropfer in Brand zu setzen, wurde das Gebet des Elija von Jahwe erhört. »Da kam das Feuer des Herrn herab und verzehrte das Brandopfer, das Holz, die Steine und die Erde. Auch das Wasser im Graben leckte es auf. Das ganze Volk sah es, warf sich auf das Angesicht nieder und rief: Jahwe ist Gott, Jahwe ist Gott!« (1 Kön 18,38–39). Bestätigt von diesem großartigen Erfolg ließ Elija alle Baalspriester mit großer Brutalität ermorden. Schließlich kündete er dem König das Ende der Dürre an. Ein beeindruckendes Regenwunder verdeutlichte, dass nicht Baal, sondern einzig Jahwe ein machtvoll eingreifender Gott ist, dem die Naturgewalten unterliegen.

All diese Erlebnisse auf dem Karmel zeigen zumindest äußerlich Elija auf dem Höhepunkt seines Erfolgs und Prestiges. Da Jahwe so offensichtlich auf seiner Seite stand, konnte ihm anscheinend kein anderer mehr etwas anhaben. Doch der Prophet wurde schon bald eines Besseren belehrt. Die Königin Isebel, erbost über den Mord an ihren Priestern, verfolgte nun ihrerseits Elija und versuchte, ihn zu töten. Hier setzt unsere Szene ein.

Der eben noch so mutige Prophet bekommt Angst. Nun begegnet uns nicht mehr der kämpferische Gottesstreiter, sondern der ängstliche Mensch, der um sein Leben fürchtet und unterzugehen droht. Ich glaube, wir kennen die Erfahrung, wie Angst uns verunsichern, einengen und niederdrücken kann. Am liebsten würden wir alles Bedrohliche hinter uns lassen.

Sein Fluchtversuch führt Elija zunächst in die Wüste, d.h. in eine noch tiefere Krise. Er erlebt eine Wüstenzeit, in der er mit sich selbst konfrontiert wird. Die Wüste ist zugleich ein Bild seiner psychischen Realität: grenzenlose Leere, innere Verwüstungen, verhärtete Trockenheit und ausgebrannte Dürre. Die Wüste ist der lebensbedrohliche Raum von Einsamkeit und Resignation, sodass Elija sich den Tod wünscht. So entspricht die lebensfeindliche Wüste dem lebensmüden Menschen, der deprimiert feststellt: »Nun ist es genug!«

Wahrscheinlich kennen auch wir solche Lebenssituationen, in denen die Sehnsucht nach einem erlösenden Ende aufsteigt: das Scheitern einer Beziehung, die zermürbende Erfolglosigkeit im Beruf, der Konflikt mit einem nahestehenden Menschen. Irgendwann übersteigt es die Kräfte, sodass wir uns nach der befreienden Kraft des Todes sehnen, die uns aus den niederdrückenden Erlebnissen erlösen soll.

Doch die scheinbare Endstation in der Wüste wird für Elija zum Ausgangspunkt für eine völlig neue Gotteserfahrung. Im Ginsterstrauch, unter den er sich niederlegt, kann ein Hoffnungszeichen entdeckt werden. Irgendwo muss es tief unter der Wüste Wasser geben. Für den, der gut verwurzelt ist, gibt es Leben aus der Tiefe, das die Tiefenschichten der Seele nährt.

Als Alternative zum ersehnten Tod begegnet Elija ein Engel als Bote des lebendigen Gottes. Dieser rührt ihn an und fordert ihn auf, die (Über-)Lebensmittel, die Gott ihm schenkt, zu sich zu nehmen: »Steh auf und iss, sonst ist der Weg zu weit für dich« (1 Kön 19,7). Freilich braucht es die zweimalige Aufforderung des Engels. Auch das kennen wir. Erst im wiederholten »Berührt-Werden« erkennen wir, dass sich jemand um unser Leben wirklich sorgt. Das ist die erste Chance aus der Krise, die sich unverhofft auftut, indem Elija die Berührung des Lebendigen ernst nimmt. Diese Berührung des Boten Gottes gilt es auch in unserem Schmerz sensibel wahrzunehmen. Das kann das gute Wort eines Freundes sein, eine spontane Hilfe durch einen Arbeitskollegen, ein Anruf einer Freundin, die einfach nur zuhört. All das und vieles andere mehr kann für uns eine Hilfe sein, neu aufzubrechen.

Wie Mose vierzig Tage und Nächte auf dem Berg Sinai verweilte, so macht sich Elija auf einen vierzigtägigen Weg zum Gottesberg. Erneut beklagt der Prophet seine Situation und findet an dem Ort, wo Jahwe einst seinen Namen offenbarte, einen ganz anderen Gott, der das Gottesbild des Propheten korrigiert.

Zunächst übernachtet Elija auf dem Gipfel in einer Höhle. Es ist der Weg in das Innere und Unbewusste, den der Prophet antritt. Die Höhle ist Ort der Begegnung mit der Tiefe des Lebens. Sie steht für das Grab, wo es gilt, etwas von alten Bildern, Lebensplänen und Lebenszielen loszulassen. Elija stellt sich der Nacht seines Lebens. Die Höhle steht aber auch für den Mutterschoß, in dem neues Leben entsteht und herausbricht. Letztlich verlangt jede Krise von uns, dass wir in uns gehen, indem wir den Dingen auf den Grund gehen.

Die gewaltigen Naturerscheinungen wie Sturm, Erdbeben und Feuer, die Elija auf dem Gipfel erlebt, erinnern an frühere Gotteserscheinungen auf dem Sinai. Ebenso kann sich Elija in ihnen selbst wiederfinden, wie er auf dem Karmel Feuer und Regen vom Himmel rief und mit zornigem Eifer gegen die Baalspriester wütete. Doch nun erfährt der Prophet, dass sein Gott ein ganz anderer ist, der seine Vorstellungen grundlegend korrigiert. Elija lernt Schritt für Schritt loszulassen und wird dadurch zu tieferer Einsicht geführt.

»Eine Stimme verschwebenden Schweigens« begegnet Elija, wie es Martin Buber (1878–1965) übersetzt hat. Das ist der Abschluss und Höhepunkt der Szene. Hauchdünn und still kommt Jahwe dem Propheten nahe, sodass dieser, in seinen Mantel gehüllt, die Höhle verlassen kann. Elija gewinnt neue Sicherheit und lernt, auf die leise Stimme Gottes zu hören.

Dieses Gipfelerlebnis des Elija ist äußerst beeindruckend. Gott muss gehört werden, aber der Mensch kann sich verhören. Aufgabe der Prophetie ist es, in sich zu gehen und auch die leisen Töne Gottes ernst zu nehmen. Daher ist es so wichtig, dass wir uns für Stille und Schweigen Zeit nehmen. Gott zeigt sich nicht nur in Naturgewalt und Stärke, sondern ebenso als sanfter Gott, der nur als zarte Stille, als behutsamer Atem und lebendiger Hauch wahrgenommen werden kann. An Elija wird deutlich, dass das Durchleben einer Krise nicht nur schmerzlich und sinnlos sein muss, sondern zu einer neuen Reife führen kann. Wie der Prophet lernt, die leisen Töne in seinem Leben ernst zu nehmen, so gilt es, auch in unseren Widerfahrnissen nicht aufzugeben, sondern sensibel zu bleiben für die kleinen Hinweise, in denen wir Hoffnungszeichen entdecken dürfen.

Die Zusicherung Jesu: Habt Vertrauen, ich bin es!

Gleich darauf forderte Jesus die Jünger auf, ins Boot zu steigen und an das andere Ufer vorauszufahren. Inzwischen wollte er die Leute nach Hause schicken.

Nachdem er sie weggeschickt hatte, stieg er auf einen Berg, um in der Einsamkeit zu beten. Spät am Abend war er immer noch allein auf dem Berg.

Das Boot aber war schon viele Stadien vom Land entfernt und wurde von den Wellen hin- und hergeworfen; denn sie hatten Gegenwind. In der vierten Nachtwache kam Jesus zu ihnen; er ging auf dem See. Als ihn die Jünger über den See kommen sahen, erschraken sie, weil sie meinten, es sei ein Gespenst, und sie schrien vor Angst. Doch Jesus begann mit ihnen zu reden und sagte: Habt Vertrauen, ich bin es; fürchtet euch nicht! Darauf erwiderte ihm Petrus: Herr, wenn du es bist, so befiehl, dass ich auf dem Wasser zu dir komme. Jesus sagte: Komm! Da stieg Petrus aus dem Boot und ging über das Wasser auf Jesus zu. Als er aber sah, wie heftig der Wind war, bekam er Angst und begann unterzugehen. Er schrie: Herr, rette mich! Jesus streckte sofort die Hand aus, ergriff ihn und sagte zu ihm: Du Kleingläubiger, warum hast du gezweifelt? Und als sie ins Boot gestiegen waren, legte sich der Wind. Die Jünger im Boot aber fielen vor Jesus nieder und sagten: Wahrhaftig, du bist Gottes Sohn (Mt 14,22–33).

Wie bei Elija geht es auch in der dritten Bergszene des Matthäusevangeliums um die Erfahrung von Sturm und Stille, von Zweifel und Glaube. Jesus sucht die Einsamkeit eines Gipfels. Zwei Krisensituationen rahmen diese Geschichte. Voranstehend wurde Jesus von der Enthauptung Johannes' des Täufers berichtet (vgl. Mt 14,3–12). Die Lage wird auch für ihn gefährlich und spitzt sich zu. Wird ihn ein ähnliches Schicksal ereilen? Ist es nicht klüger, sich aus der Öffentlichkeit zurückzuziehen? Doch die Menschenmassen folgen Jesus, sodass es wiederum zu Massenheilungen und zur großen, ersten Brotvermehrung kommt. In dieser kräftezehrenden Situation möchte Jesus allein sein. So fordert er seine Jünger auf, schon einmal mit dem Boot ans andere Ufer vorauszufahren. Darin können wir einen österlichen Hinweis entdecken, kann doch die Überfahrt zum jenseitigen Ufer für den Übergang vom Tod zum Leben stehen. Es wird also auf dem dritten Berg von Matthäus eine Ostergeschichte erzählt.

Jesus steigt auf den Berg. Wir könnten auch sagen, dass er sich eine Auszeit nimmt. Er legt einen Wüstentag ein, um zur Ruhe zu kommen. Er verbringt die Nacht auf dem Gipfel. Dabei will er allein sein, ganz bei sich, um abseits von den Menschenmassen zu beten und das Gespräch mit dem Vater zu suchen. Er stellt sich der Nacht!

Diese einsame Szene auf dem Berg erinnert bereits an das nächtliche Ringen am Ölberg im Garten Getsemani. Dort bittet Jesus in der Nacht vor seinem Tod seinen Vater: Lass diesen Kelch an mir vorübergehen (vgl. Mt 26,36–46). Jesus befindet sich in einer existenziellen Krisensituation, die von ihm Entscheidung und Entschiedenheit fordert. Er geht in die Nacht. Daher braucht er Zeit, um in sich hineinzuhören und die Stimme seines Vaters zu vernehmen.

Der Hinweis, dass Jesus spät am Abend immer noch auf dem Berg ist, verdeutlicht, wie sehr er um Klarheit ringt. Im Gebet bittet er den Vater, dass ihn beim bevorstehenden Weg in die Nacht von Leiden und Tod die Hand des Vaters halten soll. So verstanden ist die Anschlussszene vom Seesturm und der Rettung des Petrus nur im Zusammenhang mit dieser Gipfelszene zu verstehen. Am Gipfel versichert sich Jesus seiner Aufgabe, in den schweren Stürmen des Lebens Menschenfischer zu sein, der die Menschen aus den Wogen des Todes herauszieht. Dafür wird er in Jerusalem in den Tod gehen. Nach dem Gebet steigt Jesus vom Gipfel, um in der Rettung des Petrus ein Exempel zu statuieren, was seine Sendung für uns Menschen bedeutet.

Die dazugehörige Seesturmszene mit der Rettung des Petrus, die sich bei den anderen Evangelisten in dieser Ausformung nicht findet, ist Eigengut des Matthäusevangeliums. Wie die Passionsgeschichte ist sie voller Dramaturgie. Das Boot kann als Bild für die Jüngergemeinde, also für die Kirche gedeutet werden. Dieses wird von den Wellen bedrängt. Das griechische Wort »basanizo« beschreibt eigentlich menschliches Leiden. Es geht um Tod und Leben! Gegenwind, Wasser, Sturm und Nacht sind starke Symbole von Not, Angst und Tod, wie wir sie auch aus der Sprache der Psalmen kennen. Die Apostel drohen mit ihrem Boot unterzugehen. Das ist die Situation Jesu, die Situation der Christen und der Kirche in stürmischen Zeiten.

Erst in der vierten Nachtwache gibt es einen Hoffnungsschimmer. Auch dieser Hinweis darf nicht überlesen werden, gilt doch die vierte Nachtwache als biblische Zeit des hilfreichen Eingreifens Gottes (vgl. Ex 14,24). Im Matthäusevangelium wird sie die Zeit der Auferstehung Jesu sein (vgl. Mt 28,1).

Wie die antiken Göttersöhne, von denen berichtet wird, dass sie auf dem Wasser schreiten konnten, so geht auch Jesus auf dem See. Die Naturgesetze werden von ihm überschritten. Das ist ein deutlicher Hinweis auf die Auferstehung.

Ebenso erinnert die Szene an Elija, der mit seinem Prophetenmantel den Jordan teilte, bevor er mit einem Feuerwagen in den Himmel entrückt wurde (vgl. 2 Kön 2,8). Die Botschaft ist beeindruckend: Jesus versinkt nicht in der Unterwelt, für die die Untiefen des nächtlichen Sees stehen, sondern er beherrscht diese souverän! Wir begegnen in dieser Szene vorausgreifend dem Auferstandenen.

Die Jünger erschrecken und bekommen Angst, da sie die Lichtgestalt auf dem nächtlichen See mit einem Gespenst verwechseln. »Habt Vertrauen, ich bin es, fürchtet euch nicht« (Mt 14,27). »Ich bin es«, diese Aussage erinnert an die Selbstvorstellung Jahwes im Dornbusch (vgl. Ex 3,14). Mit diesen ermutigenden Worten präsentiert sich Jesus einmal mehr als der Immanuel, als der »Gott mit uns« (vgl. Mt 1,23).

Nun will auch Petrus auf dem Wasser gehen. Die Anrede »Kyrios« (»Herr«) ist österliche Anrede. So werden später die Jünger ehrfurchtsvoll den Auferstandenen begrüßen. Die Aufforderung Jesu an Petrus (»Komm!«) steht in Analogie zur Berufung des Petrus, als dieser mit den anderen Jüngern in die Nachfolge gerufen wird: »Kommt her, folgt mir nach! Ich werde euch zu Menschenfischern machen« (Mt 4,19). Durch die Rettungsaktion soll Petrus am eigenen Leib erfahren und lernen, welchen Auftrag er und die anderen Jünger nach Ostern haben werden. Die Botschaft der Auferstehung bedeutet, Menschen aus den Fluten des Todes herauszuziehen. Dazu sind die Jünger als Menschenfischer berufen.

Freilich zeigt sich neben dem Vertrauen auch die Angst. Das ist menschlich, denn der Zweifel gehört zum Glauben dazu, sodass Petrus im See zu versinken droht. So können wir uns in der Gestalt des Petrus wiederfinden. Es gibt ja viele Stürme, die unser Leben bedrohen, in denen wir untergehen können. Schwere Erkrankungen, Schicksalsschläge, Lebenskrisen, Anfeindungen und nicht zuletzt Schuldgefühle rauben uns den Boden unter den Füßen, sodass wir zu versinken drohen. Wir drohen ins Haltlose abzustürzen. So kann der Angstschrei des Petrus »Herr, rette mich!« zum Herzensgebet werden, in dem sich Mut und Angst, Vertrauen und Zweifel paaren. Darin ist uns der Apostel wirklich Vorbild und Fels, wie er später von Jesus tituliert werden wird, auf den wir bauen können (vgl. Mt 16,18).

Es ist spannend, dass Petrus in seinem Kleinglauben nicht idealisiert wird. Sein ängstlicher Glaube, der sich in den Worten »Herr, rette mich!« manifestiert, genügt zur Rettung. Das ist tröstlich und ermutigend auch für uns, wenn wir nur »wenig Vertrauende« sind, wie wir das Wort Kleinglauben übersetzen könnten.

Wie für Elija, so gilt auch für Petrus: Bedrohliche Stürme und schwere Krisen wird es immer wieder im Leben geben. Aber in Angst und Zweifel werden wir nicht alleingelassen. Wo sich Menschen von Gott ergreifen lassen, dort legt sich der Wind und beruhigt sich der stürmische See. Freilich ist es immer ein langer Prozess, bis wir für die Stimme des verschwebenden Schweigens sensibel werden.

Demütig gilt es festzustellen: Wir müssen nicht alles selbst managen können. Am Ende geht es darum, die rettende Hand des Menschenfischers zu ergreifen und kniefällig zu bekennen: »Wahrhaftig, du bist Gottes Sohn« (Mt 14,33). Dieser kleinmütige Glaube aber kann zum Felsengrund für andere werden (vgl. Mt 16,18). So liegt in jeder Krise eine Chance! Das ist die »EntDeckung« auf dem dritten Gipfel, die sich auch im Leben Benedikts wiederfindet.

Die Achtsamkeit Benedikts: Lauf schnell!

Eines Tages weilte der heilige Benedikt in seiner Zelle. […] Placidus aus dem Kloster des heiligen Mannes ging an den See, um Wasser zu holen. Aus Unachtsamkeit ließ er das Gefäß, das er in Händen hielt, ins Wasser fallen und stürzte sogar selbst hinein. Sogleich erfasste ihn eine Woge und riss ihn etwa einen Pfeilschuss weit vom Ufer weg. Doch der Mann

Gottes erkannte das sofort in seiner Zelle und rief Maurus eilends herbei: »Bruder Maurus, lauf schnell! Der Knabe ist beim Wasserholen in den See gefallen, und eine Woge treibt ihn schon weit hinaus!« Etwas Wunderbares geschah, wie man es seit dem Apostel Petrus [vgl. Mt 14,28.29] nicht mehr erlebt hatte. Maurus erbat und empfing den Segen, lief auf Befehl seines Abtes sofort bis zu der Stelle, wo die Woge den Knaben Placidus dahintrieb. Er glaubte auf festem Boden zu gehen und lief doch über das Wasser. Da packte er ihn an den Haaren und lief zurück, so schnell er konnte. Kaum war er am Ufer, kam er zu sich, blickte zurück und erkannte, dass er über das Wasser gelaufen war. Was er niemals für möglich gehalten hätte, war zu seiner Verwunderung und Bestürzung geschehen. Er kam zum Abt zurück und erzählte, was sich ereignet hatte. Der heilige Mann Benedikt aber schrieb das nicht seinem eigenen Verdienst zu, sondern dem Gehorsam des anderen. Maurus jedoch behauptete, es sei nur auf Befehl Benedikts geschehen; er sei sich dabei keiner eigenen Kraft bewusst gewesen und habe unbewusst gehandelt. Diesen freundschaftlichen Wettstreit beider in der Demut entschied der gerettete Knabe. Er sagte: »Als ich aus dem Wasser gezogen wurde, sah ich über meinem Kopf den Umhang des Abtes, und für mich war er es, der mich aus dem Wasser zog« (Buch der Dialoge II,7,3).

Etwas feierlich heißt es, dass Benedikt in seiner Zelle weilte. Das lateinische Wort »consistere« kann auch »sich hinstellen, niederlassen, Halt gewinnen, zur Ruhe kommen« heißen. Benedikt findet also in seiner Zelle Halt und kommt innerlich zur Ruhe. Wenn wir von Zellen hören, dann kommt uns in der Regel die Gefängnis- oder die Ausnüchterungszelle in den Sinn, also Orte der Gefangenschaft. Dies entspricht aber keineswegs der ursprünglichen Wortbedeutung. Im antiken Sprachgebrauch war die »Cella« der innerste Raum des Tempels, wo die Götterfigur stand, also das innerste Heiligtum. In der antiken Villa bezeichnete das Wort die Vorratskammer, in der die Lebensmittel aufbewahrt wurden. All das ist zu beachten, wenn wir von der Mönchszelle sprechen. Sie ist Ort der Innerlichkeit, an dem der Mönch lernt, bei sich selbst zu wohnen. Sie ist gleichsam innerstes Heiligtum und geistliche Vorratskammer, aus der sich der Mönch nährt, wie es in einem Väterspruch heißt: »Geh in deine Zelle, und sie wird dich alles lehren.« Die Zelle Benedikts erinnert an die Höhle, die dieser für drei Jahre in Subiaco bewohnte. Papst Gregor beschreibt diesen inneren Reifungsprozess, indem er von Benedikt berichtet, dass er in seiner Zelle bei sich selbst wohnte. Die Mönchszelle ist Ort der Einsamkeit, der Stille, der Sammlung und Vertiefung. Sie ist Ort der Meditation und des Gebets, des Hörens und des Schweigens.

Wenn nun zu Beginn dieser Szene erwähnt wird, dass Benedikt in seiner Zelle weilt, dann ruht er bei sich selbst und sucht die Vereinigung mit seinem Gott. So erinnert er an Jesus, der die Stille und Einsamkeit des Berggipfels sucht, bzw. an den Propheten Elija, der sich auf dem Horeb in eine Höhle zurückzieht. Bei sich wohnend und in Gott ruhend wird Benedikt sensibel für das, was eigentlich geschieht, und erkennt, in welcher Krise sich sein Mitbruder Placidus befindet.

Dieser bewegt sich vom Kloster weg. Er muss aus dem See Wasser holen. Sehr konzentriert, also bei sich, scheint der junge Mann nicht zu sein, denn seine Unachtsamkeit führt zum Absturz. Er droht in den Strudeln und Wellen des aufgewühlten Sees unterzugehen und wird immer weiter hinausgezogen. Ein dramatisches Bild wird gezeichnet, das an den Untergang des Petrus erinnert. Ebenso finden sich Parallelen zur Benediktsvita. Die Szene erinnert zum einen an den jungen Benedikt, der in Rom den Fuß vom Abgrund wegzog, um nicht in die vielfältigen Abgründe der niedergehenden Metropole abzustürzen. Zum anderen können aber auch Parallelen zur Situation des Autors, Papst Gregors, gezogen werden. Dieser berichtet zu Beginn der

Lebensbeschreibung Benedikts davon, dass er selbst sich in einer tiefen Depression und Lebenskrise befindet. Aufgrund seiner vielfältigen Aufgaben und Anforderungen, die das Papstamt mit sich bringen, sei er von sich entfremdet und würde wie ein herrenloses Boot aufs weite Meer hinausgezogen, sodass er nicht mehr den schützenden Hafen sehe und in den Fluten unterzugehen drohe. Bestimmt kennen wir Situationen, in denen es uns ähnlich ergangen ist: Die erdrückenden Arbeitsbelastungen, die zahlreichen Erwartungen, die Vielfalt der Angebote, die niederdrückenden Enttäuschungen usw. können uns entfremden, sodass wir außer uns geraten und nicht mehr zu uns selber finden. So können auch wir uns in Placidus wiederentdecken, wenn wir den Halt verloren haben und die Strömung uns vom sicheren Ufer fortreißt.

Benedikt sieht, dass der junge Mönch dringend und schnell Hilfe benötigt. Es ist interessant, dass er nicht selbst Hand anlegt und unverzüglich losläuft, sondern den Maurus ruft. Dieser war zeitgleich mit Placidus ins Kloster eingetreten. Als Konnovizen bzw. als Klassenkameraden sind sich die beiden von Kindesbeinen an vertraut. Von einem Spielgefährten der Jugend lässt man sich in peinlichen Lebenssituationen leichter helfen. Diese Lebensweisheit findet sich auch in der Benediktsregel wieder. Im Kapitel über die Sorge für Mitbrüder, die sich verfehlt haben, empfiehlt Benedikt dem Abt: »Er schicke Senpekten, das heißt ältere weise Brüder. Diese sollen den schwankenden Bruder im persönlichen Gespräch trösten und ihn zu Demut und Buße bewegen. Sie sollen ihn trösten, damit er nicht in zu tiefe Traurigkeit versinkt« (RB 27,2–3). Das griechische Wort »Senpekt« leitet sich von »synpaizein« (»mitspielen«) ab und meint daher Spielgefährte der Jugend. Als solcher soll sich Maurus auf den Weg zu seinem Mitbruder machen, damit Placidus in seiner Krise nicht untergeht und versinkt.

»Lauf schnell und rette den Placidus.« Mit dem Segen des Abtes, also im Vertrauen auf Gottes Hilfe, beginnt Maurus zu laufen und merkt gar nicht, wie er über das Wasser geht. Wiederum erfüllt sich ein Wort der Benediktsregel, wenn es dort über den Gehorsam heißt: »Schnellen Fußes folgen sie gehorsam dem Ruf des Befehlenden mit der Tat. Mit der Schnelligkeit, die aus der Gottesfurcht kommt, geschieht beides rasch wie in einem Augenblick: Der ergangene Befehl des Meisters und das vollbrachte Werk des Jüngers« (RB 5,8–9).

Das Vertrauen Benedikts ermutigt Maurus, über alle Unsicherheiten und Tiefen zu Placidus zu eilen, scheinbar ohne darüber nachzudenken, was alles passieren könnte: Wie wird Placidus reagieren? Wird er sich helfen lassen oder wird er mich in seine Probleme mit hineinziehen? Bin ich überhaupt fähig, ihn kraftvoll aus dem Wasser zu ziehen? Habe ich die richtigen Argumente oder bin ich eher ungeeignet für die Hilfsaktion? Maurus dagegen macht sich vorbehaltlos auf den Weg.

Es gibt Situationen, wo es im wahrsten Sinn des Wortes notwendig ist, Menschen zu haben, die einen Auftrag hören, diesen sich zu eigen machen und vorbehaltlos schnell laufen können. Bisweilen braucht es auch blindes Vertrauen, das sich darin zeigt, dass man sich und seine Vorbehalte nicht zu ernst nimmt, sondern dadurch zu einer Leichtigkeit kommt, die es einem bildlich gesprochen ermöglicht, über Wasser und Untiefen zu gehen. Während der eine sieht und wahrnimmt, d.h. die Situation beurteilen kann, handelt der andere konkret. Beides gehört zum Gehorsam dazu. In diesem Zusammenhang wird deutlich, warum Benedikt das Gelübde des Gehorsams als Haltung des Hörens so wichtig ist. Seine Regel beginnt Benedikt deshalb mit den Signalworten: »Höre mein Sohn auf die Weisung des Meisters, neige das Ohr deines Herzens, nimm den Zuspruch des gütigen Vaters willig an und erfülle ihn durch die Tat« (RB Prol 1).

Dieser Vers erfüllt sich nun in der Hilfsaktion des Maurus, der dadurch für Placidus zum Menschenfischer wird. Wie Elija und Petrus, so wird auch Placidus sowohl durch den Gehorsam Benedikts, der das Ohr seines Herzens neigte, als auch durch den des Maurus, der die Weisung des Abtes erfüllt, aus dem Reich des Todes ins neue Leben herausgezogen. Der Dienst des Gehorsams fordert mutigen Einsatz und kann anstrengend und gefährlich sein. Daher spricht Benedikt zu Beginn seiner Regel von der Mühe des Hörens und erst am Schluss vom Gut des Gehorsams (vgl. RB Prol 2; RB 71,1).

Interessant ist dabei die Frage am Schluss: Wer hat nun wirklich den Placidus gerettet? Dieser sah den Umhang des Abtes über sich. Diese eigenartige Beobachtung des äbtlichen Mantels wiederum erinnert an Elija, der seinen Mantel, den er bei seiner Gottesbegegnung auf dem Sinai getragen hatte, seinem Schüler Elischa überwarf und diesen so in seinen Dienst rief (vgl. 1 Kön 19,19). Wie durch diese beiden Propheten, so wirkt Gott auch durch Benedikt und Maurus als Menschenfischer, sodass Placidus Ostern erleben darf. Indem der eine sensibel wahrnimmt, was ist, und der andere mutig handelt, wird Auferstehung erfahrbar. So kann auch für Placidus seine Krise zur Chance werden. Auch er ist wie wir berufen, als Menschenfischer die Osterbotschaft zu verkünden. Dabei gilt es, zunächst einmal wie Benedikt sensibel darauf zu hören, was eigentlich los ist.

Dritte Gipfelbotschaft:
Durch Gehorsam neue Hoffnung finden

Berge stehen für Stille und Einsamkeit, für innere Sammlung und stetige Vertiefung, auch wenn man hoch hinauswill. Berge sind klassische Orte für eine Auszeit oder einen Wüstentag, durch die wir wieder zu uns selbst finden können. Bergsteigen hat etwas Meditatives. Im Gleichklang der Bewegungen und im Rhythmus des Atems wird man Schritt für Schritt ruhiger. Gedanken können aus dem Unterbewusstsein aufsteigen. All das, was einen beschäftigt, hat auf einmal genügend Raum. Am Berg kommt man zur Ruhe.

Freilich kann es an sonnigen Wochenenden vorkommen, dass sich Karawanen von Menschen zu beliebten Berggipfeln hinaufbewegen. In Hütten und auf Almen geht es dann oft recht laut und ausgelassen zu. Ich suche dann eher die weniger bekannten Touren. Auch bin ich bemüht, dass ich meistens an Werktagen unterwegs bin, an denen in den Bergen nicht so viel los ist. Aufgrund der Fülle von Terminen, Anforderungen und Tätigkeiten fällt es mir oft gar nicht so leicht, mir einen freien Bergtag zu reservieren. Doch meistens mache ich dabei die Erfahrung, dass gerade dann, wenn vieles zusammenkommt und der Zeitdruck sehr groß ist, ein freier Tag mir hilft, wieder klarer sehen zu können.

Manchmal bin ich überrascht, welche Themen mich beim stillen Wandern beschäftigen und welche Gedanken auftauchen. Im schweigenden Gehen wird man sensibel für das, was um einen und in einem geschieht. Gerade die leisen Töne haben eine Chance, ernst genommen und gehört zu werden.

Freilich kann das auch bedeuten, dass Dinge aufsteigen, die unangenehm sind und uns an unsere Grenzen führen. Der Berg ist so immer auch ein Ort der Krisen. Manchmal fallen einem

Lösungswege ein, kommen Ideen, die neue Perspektiven bieten und die wir in der Hektik des Alltags nie gefunden hätten. Freilich kann es auch geschehen, dass man Durststrecken erkennt, die noch vor einem liegen. In die Einsamkeit und Stille zu gehen, ist immer ein Wagnis, weil Unbewusstes offenbar und »Verdecktes« »entdeckt« wird. Wüstenzeiten können zur Chance werden, wenn wir dadurch hören und sehen lernen, was eigentlich notwendig ist. Das braucht selbstredend den Mut, den ersten Schritt ins Ungewisse zu wagen.

Mir kommt in diesem Zusammenhang die jüdische Lyrikerin Hilde Domin in den Sinn, die nach vielen Jahren aus dem Exil 1954 nach Deutschland zurückkehrte. Bald darauf veröffentlichte sie ihren ersten Gedichtband in deutscher Sprache und setzte diesem als Untertitel die Worte hinzu: »Ich setzte den Fuß in die Luft und sie trug.« Dieser Vers steht für das Wagnis ihres Lebens, in dem sie sich immer wieder neu Krisen, Enttäuschungen und Neuanfängen stellen musste. Die Jahre des Exils waren geprägt vom ständigen Wechsel in neue Länder und der Suche nach einer bleibenden Heimat. Schließlich wagte sie nach dem Krieg die Rückkehr nach Deutschland in das Land und in die Sprache der Täter. Dies war ein mutiger Schritt ins Ungewisse.

Später schrieb Domin erklärend an ihren Bruder: »Wir Menschen, weißt Du, haben das Bedürfnis, auf ein höheres Leben, ein Fortleben, zu hoffen, gleichgültig ob wir daran sicher glauben oder nicht. Wir müssen hoffen dürfen. Bist Du damit einverstanden? Es gilt allgemein als DAS Kennzeichen des Menschseins. Wir müssen weiterleben wollen.« Das gilt besonders im Blick auf den Tod, wenn wir die Grenze des irdischen Lebens überschreiten müssen. Hilde Domin, die zusammen mit ihrem Mann auf dem Heidelberger Bergfriedhof ihre letzte Ruhestätte fand, hat diese Hoffnung auf ihren Grabstein schreiben lassen: »*Wir* setzten den Fuß in die Luft, und sie trug.«

Letztlich ist das die Erfahrung des Elija, des Petrus und des Placidus, die zunächst in eine große Ungewissheit geführt werden. Auch wenn sich Elija den Tod wünscht, auch wenn Petrus und Placidus im Tod unterzugehen drohen, sind die Hoffnung und der Wille zum Leben stärker.

Von dieser Hoffnung auf Leben trotz aller Bedrohungen kündet der dritte Berg, den wir bestiegen haben. Wüstenzeiten, ob freiwillig oder unfreiwillig eingelegt, können für unser Leben Chancen bergen, so unangenehm und belastend sie auch oft sein mögen. »Enttäuschungen« gehören wesentlich zum Leben dazu. Sie können uns aber tiefer hineinführen in das Geheimnis Gottes, welches uns in seiner Tiefendimension letztlich unergründlich bleibt. All das ist die Quintessenz des Bergs der Rettung. In seiner Lebenskrise lernt Elija auf dem Horeb auf die stillen Töne Gottes zu hören und wird so sensibel für seinen weiteren Lebensweg. Jesus vergewissert sich in der Einsamkeit des Gipfels seiner Sendung als Menschenfischer, der über die Untiefen des Todes hinweggeht und Petrus daraus errettet. In der gesammelten Stille seiner Zelle sieht Benedikt, was eigentlich geschieht, und kann im Zusammenwirken mit Maurus dem jungen Placidus helfen, sodass dieser ins Leben zurückfindet.

Immer wieder neu gilt es, wie Elija, Jesus und Benedikt schweigen und hören zu lernen, wie es das Gelübde des Gehorsams zum Ausdruck bringt, sodass neue Hoffnung aufkeimen kann. Das ist die Gipfelbotschaft des dritten Berges. Erst in der Stille und Ruhe nach dem Sturm kann die Stimme eines verschwebenden Schweigens vernommen werden, die uns leise auffordert: »Hör mal, mein Lieber, was ist eigentlich los?«

4 Berg der Stärkung: Ich habe dich lieb!

Vor einiger Zeit konnte ich eine Firmung von geistig behinderten Jugendlichen feiern. Um in der Ansprache zu verdeutlichen, was die Stärkung durch den Hl. Geist bedeutet, hatte ich ein großes Lebkuchenherz mitgebracht. Auf diesem stand geschrieben: Mein Liebling! Ich hatte den Jugendlichen erzählt, dass mir eine Freundin vor langer Zeit dieses Herz geschenkt habe. Wenn sie nun gefirmt werden, dann würde Gott ihnen sein Herz schenken, weil eben jeder von ihnen von Gott geliebt wird. Gott würde ihnen sagen: »Du bist mein Liebling!«

Als es dann zur Firmung kam, hat mich einer der Jugendlichen fest umarmt und mir gesagt: »Ich habe dich lieb!« Erst nach einiger Zeit konnten die Eltern die liebevolle Umarmung mit etwas Mühe lösen, sodass ich mit der Firmung beginnen konnte.

Mich hat diese Szene sehr berührt. Eigentlich hat mich der behinderte Jugendliche mit seiner überraschenden Umarmung gestärkt, d.h. gefirmt. Dabei ist mir erneut bewusst geworden, wie schnell wir ein Urteil darüber fällen, wer scheinbar behindert und wer normal ist. Wie oft sind doch eigentlich wir gehemmt, da wir uns zu vernünftig begegnen und das Unmögliche nicht zulassen. Der junge Mann dagegen hat Grenzen überschritten, indem er ungehindert sein Herz sprechen ließ und mir seine Liebe mitteilte. Dieser mitteilenden Liebe Gottes, die alle Begrenzungen menschlicher Vernunft durchbricht, begegnen wir auf unserem vierten Berggipfel.

Das Geschenk des Elischa: Nimm deinen Sohn!

Eines Tages ging Elischa nach Schunem. Dort lebte eine vornehme Frau, die ihn dringend bat, bei ihr zu essen. Seither kehrte er zum Essen bei ihr ein, sooft er vorbeikam. Sie aber sagte zu ihrem Mann: Ich weiß, dass dieser Mann, der ständig bei uns vorbeikommt, ein heiliger Gottesmann ist. Wir wollen ein kleines, gemauertes Obergemach herrichten und dort ein Bett, einen Tisch, einen Stuhl und einen Leuchter für ihn bereitstellen. Wenn er dann zu uns kommt, kann er sich dorthin zurückziehen. Als Elischa eines Tages wieder hinkam, ging er in das Obergemach, um dort zu schlafen. Dann befahl er seinem Diener Gehasi: Ruf diese Schunemiterin! Er rief sie, und als sie vor ihm stand, befahl er dem Diener: Sag zu ihr: Du hast dir so viel Mühe um uns gemacht. Was können wir für dich tun? Sollen wir beim König oder beim Obersten des Heeres ein Wort für dich einlegen? Doch sie entgegnete: Ich wohne inmitten meiner Verwandten. Und als er weiterfragte, was man für sie tun könne, sagte Gehasi: Nun, sie hat keinen Sohn und ihr Mann ist alt. Da befahl er: Ruf sie herein! Er rief sie und sie blieb in der Tür stehen. Darauf versicherte ihr Elischa: Im nächsten Jahr um diese Zeit wirst du einen Sohn liebkosen. Sie aber entgegnete: Ach nein, Herr, Mann Gottes, täusche doch deiner Magd nichts vor! Doch die Frau wurde schwanger und im nächsten Jahr, um die Zeit, die Elischa genannt hatte, gebar sie einen Sohn. Als das Kind herangewachsen war, ging es eines Tages zu seinem Vater hinaus zu den Schnittern. Dort klagte es ihm: Mein Kopf, mein Kopf! Der Vater befahl seinem Knecht: Trag das Kind heim zu seiner Mutter! Der Knecht nahm es und brachte es zu ihr. Es saß noch bis zum Mittag auf ihren Knien; dann starb es. Sie stieg nun in das obere Gemach hinauf, legte das Kind auf das Bett des Gottesmannes und schloss die Tür hinter ihm ab. Dann verließ sie das Haus, rief ihren Mann und bat ihn: Schick mir einen von den Knechten und einen Esel! Ich will zum Gottesmann eilen und komme bald zurück. Er wandte ein: Warum gehst du heute zu ihm? Es ist doch nicht Neumond und nicht Sabbat. Doch sie sagte nur: Friede mit dir!, sattelte den Esel und befahl dem Knecht: Treib tüchtig an und halte mich beim Reiten nicht auf, es sei denn, dass ich es dir sage. So reiste sie ab und kam zum Gottesmann auf den Karmel. Als er sie von ferne sah, sagte er zu seinem Diener Gehasi: Da kommt die Schunemiterin. Lauf ihr entgegen und frag sie: Geht es dir gut? Geht es auch deinem Mann und dem Kind gut? Sie antwortete: Es geht gut. Sobald sie aber zum Gottesmann auf den Berg kam, umfasste sie seine Füße. Gehasi trat hinzu, um sie wegzudrängen; aber der Gottesmann wehrte ab: Lass sie; denn ihre Seele ist betrübt. Doch der Herr hat mir den Grund verborgen und mir nicht mitgeteilt. Darauf sagte sie: Habe ich denn meinen Herrn um einen Sohn gebeten? Habe ich nicht gesagt: Mach mir keine falschen Hoffnungen? Elischa befahl nun Gehasi: Gürte dich, nimm meinen Stab in die Hand und mach dich auf den Weg! Wenn du jemand begegnest, so grüß ihn nicht; und wenn dich jemand grüßt, so antworte ihm nicht! Leg meinen Stab auf das Gesicht des Kindes! Aber die Mutter des Kindes sagte: So wahr der Herr lebt und so wahr du lebst: Ich lasse nicht von dir ab. Da stand er auf und folgte ihr. Gehasi war vorausgeeilt und hatte den Stab auf das Gesicht des Kindes gelegt; doch es kam kein Laut und kein Lebenszeichen. Daher lief er zum Gottesmann zurück und berichtete: Das Kind ist nicht aufgewacht. Als Elischa in das Haus kam, lag das Kind tot auf seinem Bett. Er ging in das Gemach, schloss die Tür hinter sich und dem Kind und betete zum Herrn. Dann trat er an das Bett und warf sich über das Kind; er legte seinen Mund auf dessen Mund, seine Augen auf dessen Augen, seine Hände auf dessen Hände. Als er sich so über das Kind hinstreckte, kam Wärme in dessen Leib. Dann stand er auf, ging im Haus einmal hin und her, trat wieder an das Bett und warf sich über das Kind. Da nieste es siebenmal und öffnete die Augen. Nun rief Elischa seinen Diener Gehasi und befahl ihm, die Schunemiterin zu rufen. Er rief sie, und als sie kam, sagte der Gottesmann zu ihr: Nimm deinen Sohn! Sie trat hinzu, fiel Elischa zu Füßen und verneigte sich bis zur Erde. Dann nahm sie ihren Sohn und ging hinaus (2 Kön 4,8–37).

Elischa lebte wie sein Vorgänger Elija im 9. Jh. v. Chr. auf dem Karmel. Eigentlich heißt der Name »Karmel« »Obstgarten« und verweist auf die Fruchtbarkeit dieses Höhenrückens im Norden Israels. So verwundert es nicht, dass besonders auf dem Karmel der heidnische Gott Baal als Geber von Fruchtbarkeit und neuem Leben verehrt wurde. Während Elija den offenen Konflikt mit den Baalspriestern suchte, verdeutlichte sein Nachfolger Elischa durch ausdrucksstarke Wunder, dass allein Jahwe Leben schenkt, indem er sich von der Not der Menschen berühren lässt und ihnen tatkräftig hilft. Nichts anderes bedeutet der Name Elischa: »Gott hilft!«

Mit seinen spektakulären Zeichen wie z. B. einer Brotvermehrung (vgl. 2 Kön 4, 42–44) oder einem Ölwunder (vgl. 2 Kön 4,1–7) zeigte sich Elischa besonders als Prophet der kleinen Leute und Armen, indem er offen ihre Bedürfnisse wahrnahm und unkompliziert Hilfe leistete. Sein Name war ihm Programm, sodass er bis heute in den drei monotheistischen Religionen als Nothelfer verehrt wird.

Es ist interessant, dass bei vorliegender Szene ein Wunder überliefert wird, das nicht wie sonst bei Elischa die Bedürftigen und Notleidenden in den Blick nimmt, sondern eine wohlhabende Frau, der in ihrem Reichtum anscheinend nichts fehlt. Wir könnten in ihr ein Bild für unsere Wohlstandsgesellschaft entdecken, in der vordergründig alles gut geregelt und materiell abgesichert ist. Was fehlt uns schon? Sind wir noch auf Gottes Hilfe angewiesen?

Auf seinen Wanderungen kehrte Elischa bei dieser namentlich nicht genannten Frau öfters ein und nahm ihre Gastfreundschaft in Anspruch. Diese erkannte in ihm einen Heiligen Gottes, wie es heißt, also einen Menschen, durch den Gottes heilende Nähe erfahrbar wird. Sie entdeckte gleichsam sein Charisma. Damit beginnt unsere Szene.

Um Elischa etwas Gutes zu tun, lässt sie dem Propheten im Obergemach ein Zimmer einrichten, wo sich dieser zurückziehen und neue Kräfte sammeln kann. Mit der Erkenntnis, dass sie mit Elischa einen Gottesmann aufnimmt, schenkt sie in ihrem Leben letztlich Gott Raum. Bewegte sie damit die Frage nach dem letzten Sinn des Lebens? Hatte ihr in ihrem Wohlstand vielleicht gerade das gefehlt?

Elischa will sich nun für ihre großzügige Gastfreundschaft revanchieren. Doch, was kann man einem Menschen geben, der anscheinend schon alles hat? Selbst mit seinen Beziehungen in die herrschende Oberschicht kann er ihr nicht dienen.

Aber Gehasi, der Diener des Elischa, macht diesen auf einen Mangel aufmerksam. Die Frau hat keinen Sohn, d. h. es fehlt ihr die Zukunft. Wenn Elischa ihr die Geburt eines Kindes verheißt, dann gibt er ihr letztlich die ersehnte Lebensperspektive.

Die Geschichte erinnert an Abraham und Sarah, die an den Eichen von Mamre drei fremde Männer gastfreundlich aufnahmen. Auch ihnen wurde wie dieser Frau zugesagt, dass sie bald einen eigenen Sohn bekommen werden (vgl. Gen 18,1–15). Gastfreundschaft schenkt Zukunft und neue Lebensperspektiven. Das ist die tiefere biblische Botschaft, die hinter dieser Geschichte steht: Wer bereit ist, sein Leben mit anderen zu teilen, dem werden neue Lebensräume eröffnet! Alles, was wir geben, bekommen wir vielfältig zurück, wie die Dramaturgie dieser Szene verdeutlicht.

Doch zunächst bringt das Gastgeschenk des Elischa die Frau in eine noch tiefere Notsituation. Ihr Kind stirbt. Damit ist die verheißene Zukunft völlig infrage gestellt. Es ist bemerkenswert, wie die Frau reagiert. Sie lässt ihr Kind nicht beerdigen, d.h. sie stellt sich nicht der Realität des Todes nach dem Motto: »Aus der Traum von Kindern und Enkeln, von einer glücklichen Zukunft, von einer sicheren Altersversorgung!« Vielmehr hält sie an ihrer Überzeugung fest, dass Elischa ein Gottesmann ist, durch den Gott hilft und Leben schenkt. Gegen alle Regeln der Vernunft glaubt sie noch immer an eine glückliche Zukunft. Fast glaubt sie an das Unmögliche, dass ihr Sohn zu neuem Leben erweckt werden kann. Daher verschließt sie seinen Leichnam im Obergemach, d.h. im Raum Elischas. Auch soll niemand das Kind beerdigen. Vielmehr will sie den Gottesmann mit dem Tod konfrontieren.

So macht sie sich auf den Weg zum Karmel. Hierin könnten wir einen weiteren Hinweis sehen. Wenn der Karmel als fruchtbarer Höhenzug für Leben in Fülle steht und sich die Mutter in ihrem Schmerz auf den Weg zu diesem Berg aufmacht, dann sucht sie für sich und ihr Kind das Leben.

Selbstbewusst übergeht sie dabei den Diener Elischas und fordert direkt die Hilfe des Propheten. Mich beeindruckt dieser unerschütterliche Glaube der Frau, der Grenzen überschreitet. Letztlich ist er unerlässlich für die Erweckung ihres Kindes. Wie oft lassen wir uns nur von unserer Vernunft leiten oder uns entmutigen, weil es realistisch betrachtet doch sowieso keinen Sinn hat. Die Frau dagegen rechnet mit dem Unmöglichen, dass vom Mann Gottes auf dem Karmel für sie und ihr Kind neues Leben ausgehen kann.

Elischa lässt sich äußerlich und innerlich von der Frau berühren. Ihre Vorwürfe bewegen ihn, sodass er aufbricht und ihr nachfolgt. Ebenso ist zu sehen, dass Elischa, der sonst aus eigener Macht Wunder wirkt, hier Gott um seine Hilfe bittet. Elischa betet. Nicht der Prophet ist es, der letztlich das Wunder wirkt, sondern Gott. Auch davon sollten wir lernen. Das, was uns berührt, können wir im Gebet mit Gott in Berührung bringen. Schließlich ist es Gott allein, der durch uns aufrichten und neues Leben schenken kann.

Wie Elija, der auch einen Toten erweckt hatte, sucht Elischa den Körperkontakt mit dem verstorbenen Buben (vgl. 1 Kön 17, 11–24). Das mag zunächst etwas befremdlich sein. Indem sich Elischa auf den Körper des Kindes legt, lässt er sich von seinem Schicksal ganz und gar berühren. Hautnah konfrontiert er sich damit. Er überschreitet die Grenze des Todes und lässt sich mit seiner Lebenskraft auf die Leblosigkeit ein. Auch das könnte uns weiterhelfen: »Bin ich bereit, um des Lebens willen die Grenze des Todes zu überschreiten? Bin ich bereit, von meiner Lebenskraft anderen etwas zu schenken, bei denen ich nur noch Leblosigkeit und Tod spüre? Bin ich bereit, jemanden neu zu begeistern, ihm von meinem Lebensatem zu geben, indem ich ihn teilhaben lasse an meinem Leben? Suche ich die Nähe zu einem Menschen mit Wärme und Zuneigung, um ihm dadurch meine

Wertschätzung zu zeigen, trotz aller Kälte, die ihn umgibt?«
Durch Berührung weckt Gott Leben, wie das siebenmalige Nie-
sen des Jungen zum Ausdruck bringt, das an den Lebensatem
des Adam erinnern mag (vgl. Gen 2,7). Gott will uns durch Berührung zum Leben verhelfen.

»Nimm deinen Sohn!« Mit diesen Worten bekommt die Frau
zum zweiten Mal ihr Kind geschenkt und damit Leben und Zukunft.

Elischa wird so als Lebenshelfer präsentiert, durch den Gott
sein Heil vermittelt. Das durchzieht auch die anschließenden
Wunderberichte. Dort wird erzählt, wie Elischa eine vergif-
tete Mahlzeit wieder genießbar macht und Brot vermehrt (vgl.
2 Kön 4,38–44). Durch den Gottesmann, durch uns will Gott
Lebensmittel schenken, Leben vermitteln. Das wiederum setzt
voraus, dass wir bereit sind, uns von der Not anderer berühren
zu lassen und unser Leben mit ihnen zu teilen. Wie das geschehen kann, veranschaulicht die vierte Bergszene des Matthäusevangeliums.

Das Mitleid Jesu: Wie viele Brote habt ihr?

Jesus zog weiter und kam an den See von Galiläa. Er stieg auf einen
Berg und setzte sich. Da kamen viele Menschen und brachten Lahme,
Krüppel, Blinde, Stumme und viele andere Kranke zu ihm; sie legten sie
vor ihn hin, und er heilte sie. Als die Menschen sahen, dass Stumme
plötzlich redeten, Krüppel gesund wurden, Lahme gehen und Blinde
sehen konnten, waren sie erstaunt und priesen den Gott Israels. Jesus
rief seine Jünger zu sich und sagte: Ich habe Mitleid mit diesen Menschen; sie sind schon drei Tage bei mir und haben nichts mehr zu essen.

Ich will sie nicht hungrig wegschicken, sonst brechen sie unterwegs zusammen. Da sagten die Jünger zu ihm: Wo sollen wir in dieser unbewohnten Gegend so viel Brot hernehmen, um so viele Menschen satt zu machen? Jesus sagte zu ihnen: Wie viele Brote habt ihr? Sie antworteten: sieben, und noch ein paar Fische. Da forderte er die Leute auf, sich auf den Boden zu setzen. Und er nahm die sieben Brote und die Fische, sprach das Dankgebet, brach die Brote und gab sie den Jüngern, und die Jünger verteilten sie an die Leute. Und alle aßen und wurden satt. Dann sammelte man die übrig gebliebenen Brotstücke ein, sieben Körbe voll. Es waren viertausend Männer, die an dem Mahl teilgenommen hatten, dazu noch Frauen und Kinder. Danach schickte er die Menge nach Hause, stieg ins Boot und fuhr in die Gegend von Magadan (Mt 15,29–39).

Die zweite Brotvermehrung, wie sie uns auf dem vierten Gipfel, den Jesus im Matthäusevangelium aufsucht, beschrieben wird, weist interessante Parallelen zum Wirken des Propheten Elischa auf. Auch hier werden trennende Grenzen überschritten. Zuvor hatte Jesus die Tochter einer kananäischen Frau geheilt (vgl. Mt 15,21–28). Diese hatte ihm hartnäckig mit der Bitte nachgeschrien, ihre erkrankte Tochter zu heilen. Jesus hatte ihr im Blick auf ihre heidnische Herkunft zu bedenken gegeben, dass seine Sendung auf Israel, d. h. auf das auserwählte Volk beschränkt sei. Daraufhin hatte die Kananäerin ihm schlagfertig geantwortet, dass vom Brot auf dem Tisch auch immer etwas an die Haushunde abfiele. Eigentlich, so scheint es, möchte sie teilhaben an der ersten Brotvermehrung, die Jesus zuvor gewirkt und von der es geheißen hatte, dass zwölf Körbe voll Brot übrig geblieben waren (vgl. Mt 14,13–21). Die Frau suchte Jesus, den Brotgeber und Lebensvermittler, und wollte etwas abbekommen von dieser Lebensfülle.

Wie bei Elischa und der Frau aus Schunem ist es auch in dieser

Szene das bedingungslose Zutrauen und Vertrauen einer Frau, das ihrem Kind Heilung und damit auch ihr selbst Zukunft verheißt. Auch Jesus ließ sich vom Glauben der Heidin und ihrem Mut, Grenzen zu überschreiten, anrühren. Damit wird seine Sendung zu allen Menschen verdeutlicht, d.h. zu Israel, aber auch zu allen anderen Völkern. Bildlich gesprochen könnten wir sagen: In den zwölf Körben ist genug Brot, das auch Nichtjuden zum Leben verhelfen kann. Allein das ist schon ein Hinweis, dass wir die frohe Botschaft nicht engherzig für uns behalten dürfen, sondern wie Jesus uns von den Bitten der Menschen berühren lassen sollen.

Diese Botschaft wird nun auf dem nächsten Gipfel dramaturgisch in Szene gesetzt. Jesus kommt an den See von Galiläa, wo er erneut einen Berg besteigt. Zum letzten Mal schildert das Matthäusevangelium, wie Jesus vor seinem nahenden Tod für sein Volk Gutes tut. Er sieht die Not der Menschen und ihre Krankheiten, all das, was sie an Leid zu ihm bringen und vor ihn hinlegen. Indem er hochherzig aufrichtet und heilt, schenkt er neue Lebensperspektiven. Er ist der Immanuel der Bergpredigt, bei dem Wort und Tat übereinstimmen (vgl. Mt 1,23). Als Lehrer Israels ist Jesus Retter und Arzt, so wie sich Jahwe auf dem Wüstenzug erwiesen hatte (vgl. Ex 15,26). Alles, was Gott für sein Volk getan hat, nimmt im Sohn Gestalt an. Staunen und Lobpreis sind die Folgen.

Danach kommt es schließlich zur zweiten Speisung der Menschenmassen. Oft wird diese in den Kommentaren unterschlagen, da es wortwörtliche Wiederholungen zur ersten Brotvermehrung gibt (vgl. Mt 14,13–21). Das aber wird der Bedeutung der Szene nicht gerecht. Durch die Doppelung des Brotwunders wird unterstrichen, dass Jesus wiederholt Gutes tut und dabei nicht müde wird. Wie das Volk in der Wüste regelmäßig mit Wachteln und Manna gestärkt wurde (vgl. Ex 16; Num 11), so ist auch Jesus der Ernährer seines Volkes, der unablässig hilft. Er setzt nicht ein einmaliges Zeichen, sondern zeigt Kontinuität in seinem Wirken, indem er den Hunger, der in der Wüste zum Murren geführt hatte, beseitigt. Wie Elischa vermittelt Jesus Leben und teilt das Brot aus, das ihm anvertraut wurde (vgl. 2 Kön 4,42–44). Das können wir auf uns übertragen. Die Brotvermehrung hört nicht auf. Jesus will auch heute durch uns an Bedürftige echte »Lebens-Mittel« geben.

Analog zur Bergpredigt ruft Jesus zuvor seine Jünger herbei und nimmt sie mit dem, was sie haben, in die Verantwortung. Auch in dieser Szene sollen sie von ihm lernen und in seine Schule gehen. Jesus hat Mitleid mit den Menschen, die ihm vertrauen. Ihre Situation lässt ihn nicht unberührt. Das griechische Wort »splanchizomai«, das hier für »Mitleid haben« verwendet wird, meint eigentlich, »vor Mitleid die Eingeweide umgedreht bekommen«. Wir könnten auch sagen, dass Jesus sich zuinnerst anrühren lässt, seine Gefühle und sein innerliches Bewegtsein zulässt. Die Not der Menschen geht ihm an die Nieren, liegt ihm schwer im Magen, geht ihm zu Herzen, wie wir sagen, und weckt sein barmherziges Handeln.

Dabei vergleicht Jesus, wie schon an anderer Stelle, die Menschen mit Schafen ohne Hirten (vgl. Mt 9,36). Ihnen fehlt die Orientierung, wo es das Lebensnotwendige gibt. Sie sind schutzlos ihrem Schicksal ausgeliefert. Drei Tage sind sie schon bei ihm. Drei ist die Zahl Gottes, d. h. eine gotterfüllte Zeit haben sie bei ihm verbracht. Das soll nun nochmals durch das Wunder der Fülle unterstrichen werden.

Aus Angst, dass sie zusammenbrechen könnten, will Jesus sie nicht hungrig wegschicken. Es ist interessant, dass die Jünger nicht auf die Idee kommen, dass Jesus erneut eine Brotvermehrung erwirken könnte. Vielmehr machen sie sich Sorgen, woher sie in der einsamen Gegend Nahrungsmittel beschaffen könnten.

Geht es uns angesichts der Not unserer Zeit nicht ähnlich, wenn wir uns beispielsweise fragen, wie wir die Flüchtlingskrise meistern sollen? Wäre es nicht besser, die Menschen wieder wegzuschicken?

Vielleicht wirkt Jesus uns zuliebe dieses zweite Wunder der Brotvermehrung, dass wir lernen, ihm und den Gaben, die wir empfangen haben, vorbehaltlos zu vertrauen. Diese Bergszene kann als Ermutigung verstanden werden nach dem Motto: »Lasst euch nicht von den ängstlichen Alltagssorgen niederdrücken. Lasst euch vielmehr von der Not der Menschen berühren. Vertraut mir und gebt von euren Gaben, den sieben Broten und den paar Fischen, die ihr habt. Glaubt an das Wunder des Teilens!«

Zuerst dankt Jesus für das Brot. Das erinnert an die Feier des Abendmahls (vgl. Mt 26,26–29). Am Anfang steht der Dank an den Schöpfer, der das Brot gibt, das beim Brotbrechen an alle verteilt wird und in dem der auferstandene Herr bei seinen Jüngern bleibend gegenwärtig ist. Jesus feiert letztlich auf diesem Gipfel »Eucharistie« (»Danksagung«). Es ist Brotzeit. So werden die Jünger aufgefordert, das Wenige, das sie haben, mit den Menschen zu teilen. Das ist eine eindeutige Botschaft: Durch uns will Gott heute Wunder wirken, und wenn es nur die Empathie und das Erbarmen sind, die wir einander schenken können. Ein gutes Wort, ein freundliches Lächeln und nicht zuletzt eine zärtliche Berührung können zum Lebensmittel und zur frohen Botschaft für andere, d.h. zum Evangelium für sie werden. »Wie viele Brote habt ihr?« – Es gilt, eine ehrliche Antwort auf diese Frage zu geben.

Wiederum bleibt eine Fülle übrig: Sieben Körbe werden eingesammelt. Sieben ist die Zahl der Fülle. Was aus sieben Broten alles werden kann, wenn wir bereit sind, sie zu teilen! Am Ende reicht es für alle, sodass wiederum für die Zukunft genug übrig bleibt. Die zweite Brotvermehrung ist Ermutigung, aus liebendem Mitleid Grenzen zu überschreiten. Beim Teilen des Glaubens brauchen wir weder ängstlich noch sparsam zu sein. Engherzigkeit scheint uns nicht gut anzustehen. Durch uns will Gott immer wieder neu »Wunder der Lebensfülle« wirken, wenn wir uns nur im Innersten berühren lassen, von ihm und von der Not unserer Zeit.

Der Trost Benedikts:
Geh an deine Arbeit und sei nicht traurig!

Ein anderes Mal kam ein einfältiger Gote zu ihm, der Mönch werden wollte. Benedikt, der Mann Gottes, nahm ihn liebevoll auf. Eines Tages ließ er ihm ein Werkzeug geben, das man wegen seiner Form Sichelmesser nennt. Er sollte damit an einer bestimmten Stelle das Dornengestrüpp aushauen, um dort einen Garten anzulegen; die Rodung lag unmittelbar über dem Seeufer. Als der Gote das Dornendickicht mit aller Kraft auszuhauen versuchte, sprang die Klinge vom Stiel und fiel in den See. Dort war aber das Wasser so tief, dass es aussichtslos schien, das Werkzeug herauszuholen. Da die Klinge verloren war, lief der Gote zitternd vor Angst zu dem Mönch Maurus, meldete den Schaden, den er angerichtet hatte, klagte sich an und tat Buße. Der Mönch Maurus jedoch ließ es Benedikt, den Diener Gottes, sofort wissen. Als der Mann Gottes, Benedikt, das hörte, ging er hin, nahm dem Goten den Stiel aus der Hand und hielt ihn in den See. Sogleich kam die Klinge aus der Tiefe empor und fügte sich wieder an den Stiel. Benedikt gab dem Goten das Werkzeug zurück und sagte: »Geh wieder an deine Arbeit und sei nicht traurig!« (Buch der Dialoge II, 6,1–2).

Papst Gregor der Große zeigt in seiner Lebensbeschreibung Benedikts einige Parallelen zum Propheten Elischa auf. Auch Benedikt ist ein Gottesmann, durch den Gott tatkräftig hilft, so etwa während einer Hungersnot durch eine reiche Gabe von Mehl, durch ein Ölwunder oder bei der Erweckung eines toten Buben. So hat auch vorliegende Erzählung vom einfältigen Goten eine Vorlage im Wunderzyklus des Propheten Elischa (vgl. 2 Kön 6,1–8). Es wird berichtet, dass seinen Prophetenjüngern der Raum zu eng geworden war und sie sich darüber bei ihrem Lehrer Elischa beklagten. Vielleicht hatten sie zu viele Eintritte. Vielleicht wurde aber auch der Raum ihres Glaubens zu klein. Zusammen mit Elischa machten sie sich auf den Weg zum Jordan, um dort Balken für den Bau eines größeren Hauses zu schlagen. Dabei geschah ein Missgeschick. Ein geliehenes Beil fiel ins Wasser und ging verloren. Erst durch die Wunderkraft des Elischa, der ein Stück Holz ins Wasser hielt, begann das Eisen zu schwimmen, sodass es aus dem Wasser geholt werden konnte. Es braucht manchmal die Glaubensweite des Meisters, die uns hilft, Angst und Enge zu überwinden.

Ähnliches ereignet sich nun bei Benedikt. Ein einfacher Gote will bei ihm eintreten. Es ist bemerkenswert, wie der Abt reagiert. Er nimmt ihn liebevoll auf, so heißt es. Benedikt lässt sich also nicht von äußeren Qualitäten täuschen wie Herkunft, Qualifikation oder Bildung, sondern schaut mit seinem Herzen auf die Gesinnung des Neuankömmlings. Diese berührt ihn zuinnerst. So entspricht Benedikt der Weisung seiner Regel, wenn es dort heißt: »Der Abt bevorzuge im Kloster keinen wegen seines Ansehens. Den einen liebe er nicht mehr als den anderen (…). Er ziehe nicht den Freigeborenen einem vor, der als Sklave ins Kloster eintritt (…). Denn ob Sklave oder Freier, in Christus sind wir alle eins (…). Denn bei Gott gibt es kein Ansehen der Person« (vgl. RB 2,16–20).

Mit dem ungebildeten Goten kommt ein »pauper spiritu« (»ein Armer im Geiste«) zum Kloster. Menschen wie ihm wird in der Bergpredigt das Himmelreich verheißen, wie wir auf dem Berg der Weisung gehört haben (vgl. Mt 5,3). Indem ihm Benedikt eine einfache Arbeit zuordnet, die ihm entspricht und ihn damit nicht überfordert, wird der Abt diesem Novizen gerecht (vgl. RB 2,31). Der Gote soll mit einem Sichelmesser in der Wildnis am See Ordnung schaffen und einen Garten anlegen. Eigentlich wird ihm schöpferisches Tun anvertraut, und die Szene erinnert an die Erschaffung der Welt, als Gott aus dem Chaos des Anfangs die Schöpfung wie einen Garten anlegte (vgl. Gen 1).

Mit aller Kraft beginnt der Gote sein Werk, d. h. er ist nicht halbherzig am Werk, sondern will alles geben. Freilich ist es oft nicht so einfach, den Dornen und dem Dickicht gegenüber Herr zu werden, und so geschieht ihm in seinem Eifer ein Missgeschick. Das Eisen fällt in den See und scheint für immer verloren zu sein.

Wahrscheinlich kennen wir aus unserem Leben ähnliche Szenen. Da hat man sich mit aller Kraft für eine gute Sache eingesetzt, viel Zeit dafür investiert und einige Liebesmühe hineingesteckt, und dann macht überraschend ein Schicksalsschlag einen Strich durch die Rechnung. Vielleicht sind die Dornen auch ein Bild für den inneren Seelenzustand. So spricht Benedikt selbst in seiner Regel von Ärgernissen, die wie Dornen verletzen (vgl. RB 13,12). Manchmal wollen wir Erneuerungen gewalttätig umsetzen und stellen erst hinterher fest, was wir in unserem Reformeifer alles zerstört haben, sodass Wesentliches wie hier das Eisen verloren ging. Zu viel Kraft kann zerstörerisch wirken, ebenso wie zu viel Energie. Bisweilen ist es klüger, Unkraut und Weizen miteinander wachsen zu lassen, bis dann bei der Ernte die Zeit der Unterscheidung gekommen ist. Dies empfiehlt zumindest das Evangelium (vgl. Mt 13,24–30).

Es ist anrührend, wenn von der Reue und Angst des Goten berichtet wird. Eigentlich trifft ihn mit seiner guten Absicht keine Schuld, und doch weiß er nicht, wie der Abt reagieren wird, und hat Angst, dass er aufgrund des zugefügten Schadens das Kloster wieder verlassen muss. Ich denke, wir können aus eigener Erfahrung gut mit ihm mitfühlen. Bußfertig beichtet er das Missgeschick seinem Mitbruder Maurus. Dieser wiederum informiert den Abt. Benedikt wird uns als hörender und mitfühlender Abt geschildert, d. h. er handelt nicht nach Vorgaben, sondern lässt sich von der Not des Novizen berühren. Das wird nochmals durch seine tatkräftige Hilfe unterstrichen. Wir könnten fast sagen, dass Benedikt das Subsidiaritätsprinzip anwendet, indem er unkompliziert und ohne großes Aufsehen seinem jüngeren Mitbruder hilfreich zur Seite steht. Weder gibt es Vorwürfe und Schuldzuweisungen noch Tadel und Strafen. Vielmehr ermuntert Benedikt seinen Mitbruder, nicht zu resignieren, sondern erneut ans Werk zu gehen. Wie entlastend ist doch die Aufforderung am Ende: »Geh wieder an deine Arbeit und sei nicht traurig!« Das ist Erbarmen, das heilt. Das ist tatkräftige Hilfe, die neues Leben vermittelt. Das ist Zutrauen, das aufrichtet und stärkt. Niemand wird bloßgestellt oder fertiggemacht. Vielmehr zeigt Benedikt, was es heißt, einen Menschen liebevoll an- und aufzunehmen. Das ist mitteilende Liebe, die berührt. Das ist Trost, der den Neuanfang ermöglicht. Hier zeigt sich Benedikt als Seelenarzt, der sich einfühlsam von der Not seines Mitbruders berühren lässt und ihm zu neuer Lebenszuversicht verhilft. Wie Elischa den Sohn erweckt, wie Jesus die Kranken heilt und den Hunger stillt, so schafft auch Benedikt neuen Lebensraum, der nicht durch Enge, sondern Herzensweite gekennzeichnet ist.

Vierte Gipfelbotschaft:
Durch Vertrauen neue Lebenskraft finden

Berge führen uns häufig an unsere Grenzen. Gerade bei längeren Touren gilt es, seine Kräfte klug einzuteilen und sich zu fragen, wann es sinnvoll ist, eine erste Rast einzulegen. Dabei ist zu klären: »Was will ich verzehren? Wie viel Proviant und Getränk muss für später aufgehoben werden?« Manchmal werden wir zu Pausen gezwungen, weil man einfach spürt, dass die Kräfte nachlassen und es besser ist, sich etwas auszuruhen. Bisweilen wird man auch seinen Schritt verlangsamen müssen, weil die Beine ermüden oder die Hitze zunimmt. Und doch ist es die Sehnsucht nach dem Gipfel, die oft Unmögliches möglich werden lässt.

Wir lernen und wachsen an unseren Begrenzungen. Das ist auch immer wieder meine Bergerfahrung. Wenn es z.B. zu Kletterpartien kommt, frage ich mich: »Schaffe ich das? Werden meine Kräfte, meine Fertigkeiten genügen? Werde ich auch den Abstieg schaffen?«

Freilich kann es auch geschehen, dass wir umkehren müssen, weil wir wirklich an die Grenzen unserer Möglichkeiten stoßen oder äußere Umstände uns dazu zwingen, etwa wenn das Wetter umschlägt. Das mag schmerzhaft sein, aber es ist zugleich auch eine sinnvolle Erfahrung. Was bringt es, sich leichtsinnig Risiken auszusetzen, denen man nicht gewachsen ist?

Manchmal aber kommt es auch vor, dass wir die inneren Barrieren überwinden und uns das scheinbar Unmögliche zutrauen, selbstredend mit etwas Furcht, aber auch mit der Entschlossenheit, am Übersteigen der eigenen Grenzen selbst zu wachsen. Dabei kann das Vertrauen und Zutrauen eines guten Freundes uns stärken, die Ängste zu überwinden und die Kräfte richtig einzuschätzen. Ebenso braucht es diese Ermunterung des Vertrauten, wenn es darum geht, seine beschränkten Möglichkeiten anzunehmen und das Risiko nicht einzugehen, sondern besser umzukehren. Berge sind und bleiben spannungsreich, die uns mit Grenzerfahrungen konfrontieren und uns dadurch uns selbst näherbringen.

Das war auch die Erfahrung von Viktor Frankl (1905–1997), der seine langjährigen KZ-Erfahrungen in seinem Buch »Trotzdem Ja zum Leben sagen« verarbeitete. Der Begründer der Logotherapie war ein erfahrener Kletterer, der es bis zum Bergführer gebracht hatte. Das Bergführerabzeichen nahm er sogar 1942 in das Konzentrationslager Theresienstadt mit. Erst in Ausschwitz musste er sich davon zusammen mit seinem Ehering und einem Buchmanuskript trennen. In seinem Vortrag »Bergerlebnis und Sinnerfahrung« berichtet er, dass ihn die Angst vor dem Klettern zum Klettern bewogen habe. »Muss man sich denn alles von sich gefallen lassen? Kann man nicht stärker sein als seine Angst?« Frankl verweist darauf, dass der Kletterer im Gebirge nicht den Weg des geringsten Widerstands, sondern jene Route wählt, der er gerade noch gewachsen ist. Er möchte damit die Grenze des Menschenmöglichen auskundschaften und wächst so über sich selbst hinaus. Frankl führt dazu aus: »Wer ist stärker, ich oder der Schweinehund in mir? Ich kann ihm ja auch trotzen. Gibt es doch etwas im Menschen, das ich einmal bezeichnet habe als die ›Trotzmacht des Geistes‹ gegenüber Ängsten und Schwächen der Seele.« Diese Trotzmacht des Geistes sowie eine Aufgabe, die sich ein Mensch zu eigen macht, können ihm helfen, auch in Extremsituationen wie z.B. Gefangenschaft durchzuhalten, wie Frankl berichtet: »Letzten Endes war die Überlebenschance davon abhängig, ob da einer auf die Zukunft hin orientiert war, auf eine Aufgabe hin, die er in Zukunft, in der Freiheit, zu erfüllen gedachte.«

Wir wachsen an unseren Grenzen und an unseren Aufgaben. Das ist letztlich die Erfahrung des vierten Gipfels, den wir bestiegen haben. Wie oft behindern wir uns selbst, indem wir etwas für unmöglich halten? Mit ihrer Trotzmacht des Geistes schenkt die Frau aus Schunem Gott, dem Grenzenlosen, Raum in ihrem Leben und traut Elischa das Unmögliche zu. Indem sich der Prophet gegen alle Regeln der Vernunft auf die Leblosigkeit mit seiner eigenen Lebenskraft einlässt, kann Gott Zukunft schenken. Mitteilende Liebe durchbricht die Grenzen von Angst und Tod. Das ist auch die Botschaft der zweiten Brotvermehrung. Wer bereit ist, sein Leben mitzuteilen, indem er die eigene Engherzigkeit überwindet und diese in Hochherzigkeit verwandelt, wer so die eigene Begrenzung des Haben- und Besitzenwollens übersteigt, der erlebt, dass nicht nur andere, sondern auch er selbst durch das Brotbrechen neue Kraft bekommt. Freilich muss er sich dabei die Frage Jesu stellen: Wie viele Brote habe ich? Was ist das Brot, das mir und anderen zum »Lebens-Mittel« werden kann?

Wer wie Benedikt sich nicht von Äußerlichkeiten blenden lässt, sondern liebevoll auf die Gesinnung und den guten Kern eines Menschen schaut, der kann wie ein guter Freund mit seinem Zutrauen dem anderen helfen, Grenzen des Möglichen zu übersteigen und neuen Lebensraum zu schaffen. Dieses Vertrauen aber motiviert und stärkt, gerade auch nach einem Scheitern, einen Neubeginn zu wagen.

Selbstredend werden wir in unserem Leben immer wieder an unsere Grenzen geführt und stoßen uns daran. Manchmal werden wir unsere Kräfte, Möglichkeiten und Gaben auch falsch einschätzen und wie der Gote zunächst scheitern. Dann gilt es, nicht aufzugeben, sondern sich sein Scheitern einzugestehen und sich helfen und ermuntern zu lassen, im festen Vertrauen, dass wir an den Grenzen dem Grenzenlosen begegnen. Wer so die Angst überwindet, indem er erneut seine Aufgaben und seine Lebensziele in den Blick nimmt, der wird letztlich etwas erspüren von der Weite und Grenzenlosigkeit Gottes, die wir Liebe nennen. So kann ein Bergerlebnis zur tieferen Sinnerfahrung führen, ja, so kann auch ein Berg selbst zum Therapeuten werden, durch den Gott mir liebevoll hilft, die Lebensängste zu überwinden, weil er mir zusagt: »Ich habe dich lieb!«

5 Berg der Verklärung: Lass dich umarmen!

Als ich als junger Kaplan in Andechs in der dritten Klasse Religion unterrichtete, hatte ich ein schönes Erlebnis. Passend zum nahen Osterfest hatten wir das Thema Auferstehung behandelt. Ein Kind wollte wissen, wie die Auferstehung an einem Menschen geschehen kann, wenn der tote Leichnam im Grab liegt und der Verwesungsprozess beginnt. Ich muss zugeben, dass es mir etwas schwerfiel, eine nachvollziehbare Erklärung für die Kinder zu finden. Ein Junge meinte, dass das doch ganz einfach wäre: »Wenn ich einmal in den Himmel komme, dann will mich der liebe Gott umarmen!« Darum bräuchte es die Auferstehung in aller Konsequenz.

Eigentlich hat der Drittklässler richtig erkannt, worum es letztlich an Ostern geht. Auferstehung ist letztlich keine Sache der Vernunft und des Verstandes. Vielmehr muss sie spürbar, fühlbar und am eigenen Körper erlebbar sein, da man das Gefühl des absoluten Glücks nicht in Worte fassen und beschreiben kann. Ostern ist ein Fest der freudigen und froh machenden Begegnung. Auferstehung hat etwas mit tief empfundener Liebe zu tun, mit erfüllter Sehnsucht und beglückender Vereinigung, wie Verliebte zueinander finden und sich nicht mehr loslassen wollen. Daher soll dem fünften Berggipfel, der einen absoluten Glücksmoment im Leben Jesu darstellt, ein Liebeslied vorgeordnet sein, das dem »Hohelied« der Bibel entnommen ist.

Die Einladung des Geliebten: Steh auf und komm!

Horch! Mein Geliebter! Sieh da, er kommt. Er springt über die Berge, hüpft über die Hügel. Der Gazelle gleicht mein Geliebter, dem jungen Hirsch. Ja, draußen steht er an der Wand unsres Hauses; er blickt durch die Fenster, späht durch die Gitter.

Der Geliebte spricht zu mir: Steh auf, meine Freundin, meine Schöne, so komm doch! Denn vorbei ist der Winter, verrauscht der Regen. Auf der Flur erscheinen die Blumen; die Zeit zum Singen ist da. Die Stimme der Turteltaube ist zu hören in unserem Land. Am Feigenbaum reifen die ersten Früchte; die blühenden Reben duften. Steh auf, meine Freundin, meine Schöne, so komm doch!

Meine Taube im Felsennest, versteckt an der Steilwand, dein Gesicht lass mich sehen, deine Stimme hören! Denn süß ist deine Stimme, lieblich dein Gesicht (Hohelied 2,8–14).

Das Hohelied ist ein etwas kurioses Buch der Bibel, da es nicht wie die anderen Bücher explizit von Gott und den Menschen handelt. Es ist eine Sammlung von Liebesliedern voller anmutender Erotik, die wahrscheinlich in Palästina entstanden und die von der ausdrucksstarken Bildsprache des Orients geprägt sind. Es sind Lieder tiefer Sehnsucht nach Vereinigung. Geliebte und Geliebter suchen das höchste Glück in der intimen Begegnung miteinander, die sich letztlich nicht in Worte fassen lässt.

Daher wurden diese Sehnsuchtslieder auch immer allegorisch auf die Vereinigung von Gott und Mensch übertragen. Bis heute werden die Lieder am jüdischen Pesach, also am Osterfest gelesen, an dem das Volk Israel die Befreiung aus der Gefangenschaft und den Auszug aus Ägypten feiert. Jahwe, der Gott Israels, liebt sein Volk und vereinigt sich mit diesem, so wie Geliebter und Geliebte zueinanderfinden. Daher führt er Israel aus dieser Verbundenheit in die Freiheit.

Diese allegorische Deutung der Liebe zwischen Jahwe und seinem Volk haben die Christen auf Jesus und die Kirche übertragen, ja, in der christlichen Mystik noch eine Dimension hinzugefügt, indem die mystische Verbindung der Seele mit Christus als Gipfelpunkt des Glücks beschrieben wurde. Das Ziel menschlichen Lebens, die Auferstehung nach dem Tod und die ewige Vereinigung mit seinem Erlöser, wird in der Sprache der Liebe beschrieben.

Auch unser Liebeslied lässt sich entsprechend interpretieren. Die Gottesbegegnung braucht aufseiten des Menschen Offenheit und Sensibilität, wie uns auf den zurückliegenden Berggipfeln bewusst gemacht wurde. Diese Haltung der Erwartung bringen die beiden Imperative zum Ausdruck: »Horch!« und »Sieh da!«.

Verliebte sind in der Regel äußerst sensibel und deuten alles auf den geliebten Menschen hin. Sie können es kaum erwarten, dass es erneut zur beglückenden Begegnung kommt und wollen nicht voneinander lassen.

Dabei ist es tröstlich, dass Gott diese Sehnsucht von uns Menschen ernst nimmt. Immer wieder wendet er sich den Menschen zu. Wie die Gazelle und der junge Hirsch für kraftvolle Schnelligkeit und gewandte Sprungfähigkeit stehen, so bewegt sich Gott mit einer ungebrochenen Sehnsucht auf uns Menschen zu und sucht unsere Begegnung. Wie wir gesehen haben, kommt er über die Berge und Hügel zu uns, d.h. immer wieder können wir Gipfelpunkte des absoluten Glücks mit ihm erleben: »Es gibt viele Wege zu Gott, einer führt über die Berge.«

Und, auch das wurde deutlich, er sucht uns dort, wo wir leben. Er holt uns gleichsam in unserem Alltag, in unserem Haus ab. Wie der Geliebte mit seinem suchenden Auge durchs Fenster blickt, so lockt uns Gott herauszukommen, sodass es zur beglückenden Begegnung mit ihm kommen kann. Auch das spiegeln die Szenen der vier zurückliegenden Berggipfel. Abraham bekommt mit Isaak eine reiche Zukunft geschenkt. Mose steigt strahlend vor Glück vom Sinai herab. Elija erlebt in einer Stimme verschwebenden Schweigens Gottes Gegenwart, sodass er seine Krise hinter sich lassen kann. Elischa weckt mit der Hilfe Jahwes neues Leben, sodass Gottes grenzenlose Liebe sichtbar wird.

Dieses beglückende Einswerden mit Gott bedeutet Lebensfülle, wie es die Bilder des Frühlings zum Ausdruck bringen. Nacht und Kälte des Winters sind vorüber. Blumenduft, Blütenfülle, Vogelgezwitscher und vieles mehr lassen ganzheitlich erahnen, wie beglückend, betörend und hinreißend das Geschenk der Liebe Gottes nach unserem Tod einmal sein wird.

Selbstredend fordert die Liebe Gottes die Antwort des Menschen, nämlich, dass wir als Geliebte die schützende Felsnische verlassen und uns ihm ganz öffnen. Auch das ist die Erfahrung der Gottesvertrauten, von Abraham, der vertrauensvoll loslässt, von Mose und Elija, die auf dem Gipfel des Sinai aus der Höhle hinaustreten, und von Elischa, der vom Karmel aufbricht, um sich ganz auf Gott einzulassen. Gott springt über die Berge und hüpft über die Hügel. Die Begegnung mit ihm schenkt beglückende Lebenskraft. Diese zeigt sich in Leichtigkeit und Beweglichkeit, sodass manches dunkle Tal, das wir durchschreiten müssen, im Blick auf die Höhepunkte unseres Lebens seine bedrohende Macht verliert. Letztlich sind es die ausgebreiteten Arme des Erlösers, auf die wir ein Leben lang zugehen. Am Ende steht nicht der Tod, sondern das von Gott geschenkte Leben in Fülle.

Welches Glück diese tiefe Vereinigung bedeutet, dürfen drei Jünger auf dem fünften Berggipfel erfahren. Die Auferstehung wird bereits spürbar.

Die Erklärung Jesu: Das ist mein geliebter Sohn!

»Sechs Tage danach nahm Jesus Petrus, Jakobus und dessen Bruder Johannes beiseite und führte sie auf einen hohen Berg. Und er wurde vor ihren Augen verwandelt; sein Gesicht leuchtete wie die Sonne und seine Kleider wurden blendend weiß wie das Licht. Da erschienen plötzlich vor ihren Augen Mose und Elija und redeten mit Jesus. Und Petrus sagte zu ihm: Herr, es ist gut, dass wir hier sind. Wenn du willst, werde ich hier drei Hütten bauen, eine für dich, eine für Mose und eine für Elija. Noch während er redete, warf eine leuchtende Wolke ihren Schatten auf sie und aus der Wolke rief eine Stimme: Das ist mein geliebter Sohn, an dem ich Gefallen gefunden habe; auf ihn sollt ihr hören. Als die Jünger das hörten, bekamen sie große Angst und warfen sich mit dem Gesicht zu Boden. Da trat Jesus zu ihnen, fasste sie an und sagte: Steht auf, habt keine Angst! Und als sie aufblickten, sahen sie nur noch Jesus. Während sie den Berg hinabstiegen, gebot ihnen Jesus: Erzählt niemand von dem, was ihr gesehen habt, bis der Menschensohn von den Toten auferstanden ist.« (Mt 17,1–9)

In unserem Andechser Reliquienschatz befindet sich das sogenannte Elisabethenkreuz. Dieses soll Papst Gregor IX. (1167–1241) der hl. Elisabeth (1207–1231) geschenkt haben. Auf der einen Seite des Kreuzes ist der Gekreuzigte dargestellt. Auf der anderen Seite sieht man den Auferstandenen, der dem Betrachter die entfesselten Hände zum Friedensgruß entgegenstreckt. Die Botschaft dieses Brustkreuzes ist ausdrucksstark. Das Kreuz bekommt nur von der Auferstehung her seinen Sinn. Gott will nicht das Leid und den Tod des Menschen. Er will sein Leben glücklich vollenden, indem er mit der Auferweckung seines Sohnes verdeutlicht: »Mensch, ich lasse dich auch im Tod nicht allein. Der Tod ist nicht das Ende, sondern es kommt die Vollendung. Auch nach deinem Tod sollst du mit mir leben. Komm heim in meine ausgebreiteten Arme.« Nur von der Seite des Lebens und der Auferstehung her lassen sich auch Leid und Tod ertragen. Das ist letztlich die Botschaft, die auf dem Berg der Verklärung verkündet wird.

Bei den sechs namenlosen Berggipfeln, die Matthäus erwähnt, nimmt dieser fünfte Berg eine besondere Stellung ein. Zum einen finden wir ihn auch bei den Evangelisten Markus und Lukas wieder. Das ist bei den anderen Gipfeln nicht immer der Fall. Zum anderen wird auf ihm kurz vor dem Tod und der Auferstehung Jesu klar, was die Botschaft des Evangeliums letztlich ist, d. h. was dem Evangelisten Matthäus absolut hoch und heilig ist. Das Ziel des Lebensweges Jesu, seine Vollendung an Ostern, wird vorweggenommen. So betrachtet, ist der Berg der Verklärung der markanteste Gipfel im Matthäusevangelium. Wir könnten auch sagen, dass er dem ganzen Gebirge den Namen gibt. Mit seinem Gipfelpanorama haben wir die umliegenden Berge im Blick, die wir schon bestiegen haben. Wir bekommen nochmals ein Gespür für ihre Beschaffenheit und für ihre je eigenen Botschaften, die letztlich alle auf diesen Gipfel hindeuten. Wie schon erwähnt wird der Berg der Verklärung später in der christlichen Tradition mit dem Berg Tabor gleichgesetzt. Diese Lokalisierung aber findet sich in den Evangelien nicht. Hier bleibt er namenlos.

Jesus nimmt auf diesen Berg drei seiner Freunde mit. Zuvor hatte er ihnen zum ersten Mal erklärt, dass sein Weg nach Jerusalem führen würde. Dort werde er den Kreuzestod erleiden. Aber der Tod sei nicht das Ende, sondern am dritten Tag werde er auferstehen. Diese Botschaft vom Kreuz weckte bei den Jüngern Widerstand. Petrus hatte ihm sogar Vorwürfe gemacht: »Das darf nicht geschehen« (Mt 16,22).

Wir können gut nachvollziehen, dass die Jünger nichts vom Tod ihres Freundes hören wollten. Wer mag schon mit einem so schrecklichen Verlust, mit Leiden, Scheitern und Tod eines geliebten Menschen konfrontiert werden? Doch Jesus hatte seinen Jüngern zu erklären versucht, dass sein Weg auch ihr Weg sein wird. Nur wer sein Kreuz auf sich nimmt und ihm nachfolgt, d.h. wer sein Leben mit seinen konkreten Herausforderungen annimmt, der kann zur Vollendung des Lebens in der Auferstehung kommen (vgl. Mt 16,24).

Daher wird nun auf dem Gipfel für die Jünger, d.h. für die Jüngergemeinde des Matthäus bzw. für uns heute, ein Exempel statuiert. Dem Leser des Evangeliums soll klar werden, was der Weg nach Jerusalem bedeutet und wohin letztlich unser je eigener Lebensweg führen wird. Dabei bleibt es nicht nur bei Worten. Gott erklärt durch Taten, was er mit seinem Sohn und mit uns vorhat. Auf dem Gipfel soll etwas hell, einsichtig und klar werden, wie wenn am Berg die Wolkendecke plötzlich aufreißt und der Blick ins Tal frei wird. Ein tieferer Einblick wird gewährt, sodass der vor ihnen liegende Leidensweg verständlich wird. Nichts anderes meinte das mittelhochdeutsche Wort »verkleren« im Sinne von »erhellen«, »erklären« und »erläutern«, das diesem Berg seinen Namen gab. Es wird also nichts verklärt im Sinne von »idealisieren«, sondern es wird vielmehr etwas erklärt im Sinne von »verständlich machen«. Um dieses Missverständnis zu umgehen, sollte eigentlich besser vom »Berg der Erklärung« gesprochen werden.

Sechs Tage nach seiner ersten Leidensankündigung dürfen jene drei Freunde Jesus auf einen hohen Berg begleiten. Dies ist die einzige präzise Zeitangabe im ganzen Evangelium. Manche Exegeten sehen darin einen deutlichen Hinweis auf die Erschaffung der Welt, wie sie im Buch Genesis überliefert wurde. An sechs Tagen wurde von Gott alles erschaffen. Am siebten Tag aber vollendete der Schöpfer sein Werk und ruhte aus (vgl. Gen 2,2). Wenn nun Jesus seine Jünger nach sechs Tagen auf einen hohen Berg mitnimmt, dann sollen sie zur Vollendung geführt werden oder zumindest einen Vorgeschmack davon erfahren. Sie sollen hineingeführt werden in die beglückende Ruhe Gottes.

Wie schon Mose mit drei Begleitern auf den Berg stieg und am siebten Tag von Gott in die Wolke gerufen wurde (vgl. Ex 24,9), so wählt auch Jesus drei Begleiter aus, die mit ihm das Geheimnis Gottes erleben dürfen. Drei ist (wie auch die Sieben) die Zahl der Fülle, also die ganze Gemeinde begleitet ihn. Mit den drei Begleitern wird unterstrichen, dass der Weg Jesu auch unser Weg ist, dass wir immer wieder von ihm mitgenommen werden, um sein innerstes Geheimnis zu entdecken.

Es sind die Erstberufenen Petrus, Jakobus und Johannes (vgl. Mt 10,2), die dann auch im Garten Gethsemane mit dabei sein werden (vgl. Mt 26,37). Hier werden sie einen Tiefpunkt im Leben Jesu verschlafen. Während dieser mit seinem Schicksal ringt und von Angst und Traurigkeit ergriffen wird, werden sie ihn im Stich lassen. Sie schlafen ein! Das ist für uns tröstlich, wenn wir bisweilen erleben, dass wir auf dem Weg der Nachfolge müde werden, oder in der Rückschau erkennen, welche wichtigen Momente wir einfach verschlafen haben.

Zuvor aber werden nun die drei mit Jesus zu einem absoluten Höhepunkt seines Lebens geführt, der zu den glücklichsten Momenten des Evangeliums gehört. Am Gipfel werden ihnen ganz neue Lebensperspektiven aufgezeigt, ein atemberaubendes Panorama. Das bringen die Bilder der Verwandlung zum Ausdruck. Die Sonne und das Licht sind Symbole der Vollendung. Die weiße Farbe seiner Kleider unterstreicht die Zugehörigkeit zur himmlischen Welt. Nichts Dunkles haftet an ihm. Die Todesschatten und die Kälte des Grabes sind überwunden. Für einen Moment leuchtet das Ziel auf: Ostern, das neue Leben, der aufbrechende Frühling mit seiner Lebensfülle wird erfahrbar. An seinem Auferstehungsleib wird klar und strahlend vor Augen geführt, wer Jesus wirklich ist: Der geliebte Sohn des Vaters, an dem er Gefallen gefunden hat!

Dies wird unterstrichen, indem Mose und Elija erscheinen und sich mit Jesus unterhalten. Mit ihnen wird die Geschichte Gottes mit seinem Volk auf dem Berg gegenwärtig. Wenn nun Jesus mit den entscheidenden Vertretern von Gesetz und Propheten, für die Mose und Elija stehen, im Gespräch vertieft ist und sich mit ihnen gewissermaßen auf Augenhöhe austauscht, dann ist ihre Geschichte zutiefst mit seiner Sendung verwoben. Die Geschichte Israels mit seinem Gott findet mit dieser Begegnung auf dem Berg der Erklärung zum Höhepunkt.

Das ist ein klares Signal an die Matthäusgemeinde. Jesus steht also ganz und gar in der Tradition seines Volkes und fängt nicht bei null an. Auf dem Berg der Verklärung wird Bezug genommen zu den Gottesbegegnungen von Mose und Elija, die diese auf dem Gipfel des Sinai erlebten. Sie stehen stellvertretend für alle Väter und Propheten, die sich auf den Weg der Gottsuche begeben haben. Freilich stehen die beiden Männer, wie wir gesehen haben, auch für Konflikte und Durststrecken, für Unzulänglichkeiten und zähes Ringen, für Zweifel und Scheitern. Auch darin dürfen wir uns in ihnen, so wie in den drei Jüngern entdecken. Letztlich sind Mose und Elija Repräsentanten des gottsuchenden Menschen, der gefunden hat bzw. der gefunden wurde. In Jesus strahlt ihre je eigene Gottesbegegnung zeitlos auf. In ihm ist der Gott der Väter Mensch geworden. Und dieser ist ein Gott der Lebenden, nicht der Toten!

All das erkennt Petrus intuitiv, wenn er Jesus mit dem österlichen Titel »Herr« anredet. Er begreift, dass in Jesus Gott gegenwärtig ist und damit die ganze Geschichte mit seinem Volk. Für Petrus wird in diesem Moment klar, dass dieser Jesus von Nazareth wirklich der Immanuel ist, der »Gott mit uns«, der menschgewordene Gottesname (vgl. Mt 1,23).

Es ist gut nachvollziehbar, dass Petrus diesen Moment der befreienden Erkenntnis und des absoluten Glücks festhalten will, indem er Jesus anbietet, drei Hütten zu bauen. Wer träumt nicht davon, Sternstunden des Lebens auszukosten und nicht mehr loszulassen, um in ihnen bleibend schwelgen zu können? Doch das Glück lässt sich nicht konservieren, die Begegnung mit der zeitlosen Ewigkeit, mit dem Himmel, lässt sich nicht beschreiben und in Worte fassen. Sie lässt sich nur in der beglückenden Gegenwart erleben. Wie auf dem Sinai, wo Mose die Stimme aus der Wolke hört und dadurch Orientierung bekommt (vgl. Ex 24,15–16), so ist es nun die Stimme aus der Wolke, die Jesus als geliebten Sohn vorstellt, auf den die Jüngergemeinde hören soll. Jesus ist letztlich der Geliebte, den die Geliebte im Hohelied erwartet: »Horch! – Sieh da!«

Dies wiederum erinnert an die Taufszene am Jordan zu Beginn des Evangeliums (vgl. Mt 3,17). Auch hier wurde Jesus als der geliebte Sohn Gottes präsentiert. Der Ehrentitel des Volkes Israel, das immer wieder von Gott als geliebter Sohn tituliert wurde, wird auf Jesus übertragen. In ihm findet die Liebesgeschichte Gottes mit seinem Volk ihren Höhepunkt und ihre Vollendung.

Das wiederum hat Konsequenzen für unser Selbstverständnis. Auch wir dürfen uns zusagen, dass wir mit der Taufe Gottes geliebte Kinder und darum Schwestern und Brüder sind. Wir werden von ihm geliebt: All das geht den drei Jüngern auf dem Berg auf. Das wird für sie beglückend erfahrbar: Wir sind für Gott »hoch und heilig«!

Eigentlich müssten sich die drei Jünger über diese neu gewonnenen Einsichten freuen. Daher ist es überraschend, dass im Unterschied zu den anderen Evangelien ausschließlich bei Matthäus die Apostel über die Worte aus der Wolke erschrecken. Der Evangelist fügt die Furcht der Jünger und das Aufrichten durch Jesus bewusst hinzu. Damit wird die Verklärung nochmals verstärkt. Indem Jesus auf die Apostel zugeht, sie berührt und mit den Worten aufrichtet: »Steht auf, habt keine Angst!«, werden diese von ihm als Menschenfischer tatkräftig zur Auferstehung geführt: »Ihr seid mir hoch und heilig!«

Als Aufgerichtete sehen sie nun wieder Jesus allein. Es ist nicht mehr die himmlische Lichtgestalt, die im strahlenden Kleid die Szene bestimmt, sondern der Mensch Jesus. Seine Auferstehung ist der Zielpunkt, an dem seine Jünger Anteil erhalten werden. Es genügt, wenn sie ihr Leben ausschließlich an ihm festmachen.

Zwar wird sein Weg in die Nacht des Todes führen. Die Todesangst Jesu und der Abstieg ins Grab bleiben ihm nicht erspart. Aber dies ist nicht das Ende. Am Ende steht die Vollendung des Menschen, d.h. am Ende steht der von Gott aufgerichtete Mensch, der keine Angst mehr hat, sondern hineinläuft in die ausgebreiteten Arme seines Schöpfers, in die unbegreifliche Liebe des Vaters. Dieses Vertrauen in den auferstandenen Herrn trägt.

Das ist die beglückende Botschaft, die den Jüngern auf dem Berg der Verklärung deutlich vor Augen geführt wird. Dieses Gipfelerlebnis soll fortan ihr Leben prägen, gerade wenn ihr Weg nach Jerusalem führt, wo Jesus am Kreuz sterben wird. Die Botschaft vom Leben soll ihnen aber auch die notwendige Kraft geben, wenn sie selbst ihr Kreuz tragen müssen, wenn sie angefeindet und verfolgt werden. Die Begegnung mit dem Auferstandenen soll auch uns Mut machen, wenn wir nicht mehr weiterwissen und resigniert aufgeben wollen.

Mit der erlebten Glückserfahrung der Verklärung steigt Jesus zusammen mit seinen Freunden wieder vom Berg hinab. Wie sie keine Hütten bauen dürfen, um das Glück festzuhalten, so können sie auch auf dem Gipfel nicht bleiben. Aber sie werden von ihm, der sie aufgerichtet hat, zurück in ihren Alltag begleitet. In unseren Ängsten, in unseren Zweifeln, in unseren Erprobungen geht er ebenso als der Auferstandene mit und sagt uns zu: »Du bist mir hoch und heilig!« Das ist klar geworden auf dem Gipfel und soll uns ermuntern, immer wieder neu unsere Lebensaufgabe anzunehmen. Wer vom Lebensglück berührt vom Berg absteigt, der kann auch manche grauen Täler des Alltags durchschreiten.

Es ist auffällig, dass auch der hl. Benedikt eine solche Auferstehungserfahrung am Ende seines Lebens kurz vor seinem Tod auf dem Monte Cassino macht. Die kosmische Schau, wie diese Szene überschrieben wird, gehört zu den beglückendsten Momenten des Mönchsvaters, da das Ostergeheimnis wie auf dem Berg der Verklärung in seinem Leben aufleuchtet.

Die Vision Benedikts:
Im Glück der Liebe weit werden!

»Wieder einmal war der Diakon Servandus nach seiner Gewohnheit bei Benedikt zu Besuch. Servandus war auch Abt des Klosters, das in Kampanien von dem ehemaligen Patrizier Liberius erbaut worden war, und kam oft zum Kloster Benedikts; denn auch er war erfüllt von göttlicher Weisheit und Gnade. Sie sprachen dann über das Glück des ewigen Lebens und erbauten sich gegenseitig. Wenn sie auch in diesem Leben die köstliche Speise der himmlischen Heimat noch nicht in vollendeter Freude genießen konnten, so wollten sie doch wenigstens in ihrer Sehnsucht davon kosten. Es wurde Zeit, zur Ruhe zu gehen. Der heilige Benedikt legte sich im oberen Teil des Turmes nieder, der Diakon Servandus im unteren. In diesem Turm führte eine gerade Stiege von unten nach oben. Vor dem Turm befand sich ein größeres Gebäude, wo ihre Schüler ruhten. Während die Brüder noch schliefen, stand der Mann Gottes Benedikt schon vor der Zeit des nächtlichen Gebetes auf und hielt Nachtwache. Er stand am Fenster und flehte zum allmächtigen Gott. Während er mitten in dunkler Nacht hinausschaute, sah er plötzlich ein Licht, das sich von oben her ergoss und alle Finsternis der Nacht vertrieb. Es wurde so hell, dass dieses Licht, das in der Finsternis aufstrahlte, die Helligkeit des Tages übertraf. Etwas ganz Wunderbares ereignete sich in dieser Schau, wie er später selbst erzählte: Die ganze Welt wurde ihm vor Augen geführt, wie in einem einzigen Sonnenstrahl gesammelt. Während der ehrwürdige Vater den Blick unverwandt auf den strahlenden Glanz dieses Lichtes gerichtet hielt, sah er, wie Engel die Seele des Bischofs Germanus von Capua in einer feurigen Kugel zum Himmel trugen. Für dieses große Wunder wollte Benedikt einen Zeugen haben. Darum rief er den Diakon Servandus zwei- oder dreimal ganz laut beim Namen. Der erschrak über das laute Rufen, das er von diesem Mann nicht gewohnt war, stieg hinauf, schaute hin und sah nur noch einen

Schimmer des Lichtes. Sprachlos stand er vor diesem Wunder; da erzählte ihm der Mann Gottes ganz genau, was geschehen war. Sogleich ließ Benedikt dem gottgeweihten Mann Theoprobus im Ort Casinum ausrichten, er möge noch in der Nacht einen Boten in die Stadt Capua senden. Er solle in Erfahrung bringen, wie es um den Bischof Germanus stehe, und ihm Nachricht geben. So geschah es. Der Bote erfuhr, dass der hochwürdige Bischof Germanus schon gestorben war. Auf genauere Nachfrage fand er heraus, dass sein Heimgang im gleichen Augenblick erfolgt war, in dem der Mann Gottes seinen Aufstieg zum Himmel geschaut hatte.« (Buch der Dialoge II, 35, 1–4)

Benedikt pflegt eine geistliche Freundschaft mit dem Abt Servandus, dessen Name von »servare« (»bewahren«) abgeleitet wird. Indem sie sich in regelmäßigen Abständen über ihren Osterglauben austauschen, bewahren sie sich in allen Herausforderungen des Alltags ihre Sehnsucht nach der Vollendung.

Manchmal braucht es einen Zweiten, der einem im Alltagsgeschäft hilft, sensibel und offen zu bleiben für das, was wesentlich ist. Ähnlich wie die drei Jünger stützen sich Benedikt und Servandus gegenseitig.

Es ist auffallend, dass Papst Gregor nur hier von einem Turm auf dem Monte Cassino spricht, dessen Bedeutung wir tiefer fassen können. Zum einen steht er für den Wächter, der von der Spitze des Turmes eine gute Sicht ins umliegende Land hat. Seine Aufgabe ist es, wach und sensibel alles zu beobachten, was um ihn herum geschieht. Er hat einen Stellvertreterdienst. Rechtzeitig gilt es, die anderen zu warnen, wenn Gefahr droht. Ebenso soll der Wächter auch freudige Nachrichten weitergeben, wenn er z. B. die Heimkehrer schon von Weitem sieht. Der Turm steht für die Wachsamkeit und die Erwartung, wie sie die Geliebte prägen: »Horch! – Sieh da!«

Zum anderen ist der Turm ein Sinnbild für die Annäherung

des Menschen an Gott, der auch noch auf dem Gipfel des Berges höher hinauswill und gleichsam in den Himmel steigen möchte. Er steht für die Sehnsucht des Menschen, seine irdische Welt zu übersteigen und in der Grenzenlosigkeit des Himmels dem Grenzenlosen zu begegnen. Letztlich ist er ein Symbol für die Fähigkeit des Menschen zur Transzendenz und Mystik, dass er die Nacht hinter sich lässt und sich hineinbegibt in das Licht Gottes, wie es Benedikt im Prolog seiner Regel beschreibt: »Öffnen wir unsere Augen dem göttlichen Licht und hören wir mit aufgeschrecktem Ohr« (RB Prol 9). Auch diese Sehnsucht finden wir in der Aufforderung der Geliebten wieder: »Horch! – Sieh da!«

Dieses gemeinsame Verlangen, dem Grenzenlosen wach zu begegnen, verbindet Benedikt und Servandus. Darin stützen sie auch uns. Mit ihnen gilt es, diese Sehnsucht in uns zu bewahren bzw. immer wieder zu erwecken. Dabei dürfen wir uns fragen: »Wer ist für mich Servandus? Mit wem kann ich die Sehnsucht nach erfülltem Leben teilen?«

Während die Mönchsgemeinde schläft, wird uns Benedikt als wachender und betender Abt präsentiert. Verliebte sind voller Erwartung und können nicht lange schlafen. Zu früher Stunde, noch vor seinen Mitbrüdern steht Benedikt auf und erwartet den Morgen. Auch das ist ein tieferes Bild. Er überwindet den Schlaf, der immer schon ein Synonym für den Tod war. Benedikt ist ein österlicher Mensch, der den Morgen und den neuen Tag erwartet.

Dazu ermuntert Benedikt im Prolog seiner Regel: »Stehen wir also endlich einmal auf! Die Schrift rüttelt uns wach und ruft: Die Stunde ist da, vom Schlaf aufzustehen. Öffnen wir unsere Augen dem göttlichen Licht« (RB Prol 8–13). Das Stehen am offenen Fenster, das an die Geliebte im Hohelied erinnert, unterstreicht seine Bereitschaft, sich dem Auferstandenen zu öffnen, der die Todesnacht überwindet. Letztlich ist das die Haltung des Christen, der wachend den Morgen erwartet, wie es in den Psalmen heißt: »Den Gerechten erstrahlt im Finstern ein Licht« (Ps 112,4).

All das wiederum verweist auf das Osterfest. Die Erwartung des ersten Sonnenstrahls ist ein wesentliches Element in der Feier der klösterlichen Nachtwachen (vgl. RB 16,5). Sie prägt auch die Liturgie der Osternacht, die am frühen Morgen gefeiert wird. Die aufgehende Sonne, die aus dem Dunkel der Nacht steigt, ist ein Symbol für den Auferstandenen, der die Finsternis des Todes verlässt und sie besiegt. Christus ist das Licht der Welt, wie der österliche Ruf »lumen Christi« (»Licht Christi«) verdeutlicht, der die Dunkelheit vertreibt.

Wenn nun Benedikt die ganze Welt in einem einzigen Sonnenstrahl sieht, gleicht dies der Szene auf dem Berg der Verklärung. Das Ostergeheimnis blitzt im Leben Benedikts beglückend auf. Er bekommt das Ziel der ganzen Schöpfung und damit seines Lebens vor Augen geführt, dass Gott die ganze Welt vollenden wird und der Mensch zu seinem Schöpfer heimfindet, wie die Schau der feurigen Himmelfahrt des Bischofs Germanus verdeutlicht. Im Licht Christi werden die Grenzen von Raum und Zeit in die Ewigkeit überschritten.

Wie auf dem Berg der Verklärung kann dieser Moment des Glücks letztlich nicht beschrieben und schon gar nicht konserviert werden.

Benedikt weckt seinen Freund Servandus auf. Doch dieser sieht nur einen Schimmer. Eigentlich ist das auch unsere Situation, denn unser Osterglaube baut auf dem Zeugnis der ersten Jünger auf. Wir sehen nur einen Schimmer, und doch kennen wir in Sternstunden den Vorgeschmack der Ewigkeit. Manchmal erleben wir in Glücksmomenten, wie die Zeit stehen bleibt und die Begrenzungen unseres Lebens durchbrochen werden, etwa bei der Geburt eines Kindes, bei der überraschenden Begegnung mit einem Freund, bei der Aushändigung des Zeugnisses nach gelungener Prüfung und nicht zuletzt bei einem Sonnenaufgang auf einem Berggipfel. In solchen Glücksmomenten könnten wir die ganze Welt umarmen. Es erfüllt uns ein unbeschreibliches, tiefes Gefühl von Einheit, Harmonie und Dankbarkeit.

An diesen Erfahrungen dürfen wir, wie Benedikt es tut, indem er den Servandus weckt, andere teilhaben lassen. Selbstredend ist es oft schwer, den Moment des absoluten Glücks in Worte zu fassen und ihn mitzuteilen, aber der andere kann aus eigener Erfahrung erahnen, welches kraftvolle Licht hinter dem Schimmer zu entdecken ist.

All das erinnert an die Weisung Benedikts, wenn er im Blick auf den ersten Gottesdienst seine Mönchsgemeinschaft ermahnt: »Wenn sie zum Gottesdienst aufstehen, sollen sie sich gegenseitig behutsam ermuntern, damit die Schläfrigen keine Ausrede haben« (RB 22,8). Dieser Gedanke lässt sich erweitern. Wir dürfen einander behutsam zur Auferstehung ermuntern, wie es Benedikt mit Servandus tut, wie es die Jünger auf dem Berg der Verklärung erleben, wie der Geliebte seine Angebetete auffordert: »Steh auf, meine Geliebte, so komm!«

Papst Gregor wird dieses Erleben Benedikts später als »animus dilatatus, qui in Deo raptus« beschreiben: als »geweitete Seele – weites Herz, das in Gott entrückt ist«. Das ist nicht mehr der Mensch, der nur auf sich selbst bezogen ist. Das ist der Mensch, der sich in der Nacht ganz Gott geöffnet hat, der von ihm entrückt wird und teilhat an der Unendlichkeit und Unbegrenztheit des Schöpfers. In seinem Licht findet er zur Einheit mit sich und mit der Welt.

Dieser Vorgeschmack der Ewigkeit ist letztlich nicht beschreibbar. Er kann nur erlebt werden. Letztlich ist er Geschenk, Gnade und reine Liebe, wie es auch die Jünger auf dem Berg der Verklärung erleben durften. Im Prolog seiner Regel beschreibt Benedikt diese beglückende Erfahrung als Ziel des klösterlichen Lebensweges: »Wer aber im klösterlichen Leben und im Glauben fortschreitet, dem wird das Herz weit, und er läuft in unsagbarem Glück der Liebe den Weg der Gebote Gottes« (RB Prol 49).

Kurz nach dieser Szene beschreibt Papst Gregor den Tod des heiligen Benedikt, wie dieser sechs Tage zuvor sein Grab öffnen lässt und dann stehend in der Kapelle, gestützt von den Brüdern, stirbt. Zwei seiner Mönche haben danach eine Vision. Sie sehen eine lange Treppe, die mit Teppichen ausgelegt und von zahlreichen Lampen erleuchtet in den Himmel reicht. Oben sehen sie strahlend einen Mann von ehrfurchtgebietendem Aussehen stehen, der ihnen erklärt: »Das ist der Weg, auf dem Benedikt, den der Herr liebt, zum Himmel emporsteigt!«

Am Ende der Lebensbeschreibung wird Benedikt vom »Mann Gottes«, wie er am Anfang bezeichnet wurde, zum »Geliebten des Herrn«. Gott ist es, der ihn strahlend vor Freude mit ausgebreiteten Armen erwartet.

Fünfte Gipfelbotschaft:
Durch Lieben neue Herzensweite finden

Berge waren schon immer Orte, an denen der Mensch etwas erspürt hat von der grenzenlosen Weite Gottes, von seiner unbegreiflichen Erhabenheit und zugleich seiner berührenden Nähe. Mir kommen einige äußerst beglückende Gipfelerlebnisse in den Sinn, wo ich durch Sonne und Licht, Wind und Wolken, Stille und Sicht den Eindruck hatte, entrückt zu werden in eine andere Wirklichkeit hinein, durch die mein Herz grenzenlos weit wurde. Dieses tiefe Glücksgefühl voll Dankbarkeit und Harmonie paarte sich mit einem seelischen Erschüttertsein ob der Unbegreiflichkeit des Erlebten. Damit nähern wir uns dem innersten Geheimnis Gottes, das bei uns Menschen zwiespältige Reaktionen auslöst: einerseits das faszinierende Staunen über die immense Schönheit, andererseits das erschütterte Verstummen durch die Begegnung mit einem ganz Anderen. In der Theologie wird diese Erfahrung der Nähe und Transzendenz Gottes als »mysterium fascinosum et tremendum« beschrieben, als Geheimnis Gottes, das immer beides zugleich ist, anziehend und abschreckend, fesselnd und bedrohlich. Einerseits erahnen wir in der Großartigkeit der Schöpfung etwas von seiner Erhabenheit und Schönheit, zu der wir uns hingezogen und zugehörig fühlen. Andererseits ist dieses Geheimnis auch schockierend, weil einem als Menschen angesichts der Majestät und Heiligkeit die eigene Hilflosigkeit und Bedeutungslosigkeit bewusst wird.

Wahrscheinlich ist das auch die unbeschreibliche Erfahrung von Verliebten, die sich in der Vereinigung ganz einander ausliefern und doch in dieser tiefen Begegnung spüren, wie sie in der verschenkenden Hingabe gleichzeitig völlig zu sich finden. Fasziniert und zugleich erschüttert von der überwältigenden Kraft der Liebe lässt sich dieses Gefühl des Glücks nur schwer in Worte fassen.

Hier helfen die Gedanken des jüdischen Religionsphilosophen Martin Buber (1878–1965), der in seinem Hauptwerk »Ich und Du« die dialogische Existenz des Menschen betont. »Alles wirkliche Leben ist Begegnung«, so lautet seine Grundüberzeugung. Erst indem ein Mensch, ein »Ich«, sich ganz auf sein Gegenüber als »Du« einlässt, ihm begegnet, indem er Du spricht, findet er zum wirklichen Leben. Zwar können wir vieles im Leben kennenlernen, so die Überzeugung Bubers, indem wir die Welt, das

Gegenüber erforschen oder die verschiedenen Dinge nutzen und gebrauchen. Dann erfahren wir das Gegenüber aber nicht als »Du«, sondern als »Es«. Wahre Begegnung geschieht erst dann, wenn sich ein »Ich« in ein »Du« fallen lässt, absichtslos, nicht gesucht Du spricht und sich auf die Begegnung ganz und gar einlässt. Buber betont: »Das Du begegnet mir von Gnaden – durch Suchen wird es nicht gefunden. Das Du begegnet mir. Aber ich trete in die unmittelbare Beziehung zu ihm. So ist die Beziehung Erwähltwerden und Erwählen, Passion und Aktion in einem.« Damit aber nähert sich der Mensch Gott, dem »ewigen Du«, das nach Buber nicht zum Es werden kann. Sein Geheimnis ist reine Beziehung, die nicht mehr beschreibbar ist, aber deren Erleben den Menschen reich beschenkt und grundlegend verändert.

Diese Sternstunden der Begegnung prägen die fünfte Gipfelbotschaft. Durch die Liebe werden wir zu einer neuen Herzensweite geführt, die etwas vom Geheimnis Gottes erahnen lässt. Dieses Erleben von Tiefe und Glück, wie es die Jünger auf dem Berg der Verklärung oder Benedikt in seinem Turm verkosten dürfen, gleicht der Vereinigung von Ich und Du, von Geliebter und Geliebtem. Diese tiefe Begegnung bleibt letztlich unbeschreiblich, wie das Gipfelerlebnis einer atemberaubenden Weitsicht an einem klaren Herbsttag, eines bezaubernden Sonnenaufgangs nach einer sternklaren Nacht, einer klirrenden Stille eines schneeweißen Wintertages. Wir können weder Hütten bauen, noch das Glück in Fotoalben konservieren. Es bleibt der Schimmer der Erinnerung, durch den wir die Sternstunden in unseren Herzen bewahren.

Im Blick auf die Dunkelheit unserer Lebenswiderfahrnisse kann es dabei hilfreich sein, sich immer wieder zu fragen: »Wann wurde mir das Herz geweitet und von welchen Sternstunden kann ich dankbar zehren? Wann durfte ich mich in ein Du fallen lassen und wurde dadurch reich beglückt?«

Selbstredend sind solche Sternstunden, solche berührenden Begegnungen ein Geschenk, das wir uns nicht selbst machen können. Und doch ist es notwendig, dass wir sensibel und wach bleiben. In der Sehnsucht nach dem Morgen steht Benedikt früh auf und stellt sich ans offene Fenster, um bereit und offen zu sein für das, was kommen mag. Diese aufgeweckte Erwartung verbindet Mönche, Gottsucher und Bergsteiger. Sie sind Frühaufsteher, österliche Menschen, die davon überzeugt sind, dass das erlebte Glück stets nach einem größeren Glück strebt. Letztlich haben wir die tiefste Begegnung noch vor uns, indem uns das ewige Du einlädt: »Steh auf und komm: Lass Dich von mir umarmen!«

6 Berg der Sendung: Bewahre dir den Blick ins Weite!

Die elf Jünger gingen nach Galiläa auf den Berg, den Jesus ihnen genannt hatte. Und als sie Jesus sahen, fielen sie vor ihm nieder. Einige aber hatten Zweifel. Da trat Jesus auf sie zu und sagte zu ihnen: Mir ist alle Macht gegeben im Himmel und auf der Erde. Darum geht zu allen Völkern und macht alle Menschen zu meinen Jüngern; tauft sie auf den Namen des Vaters und des Sohnes und des Heiligen Geistes, und lehrt sie, alles zu befolgen, was ich euch geboten habe. Seid gewiss: Ich bin bei euch alle Tage bis zum Ende der Welt (Mt 28,16–20).

Zu Beginn der Fastenzeit, also meistens im Februar oder März, trifft sich unsere Gemeinschaft für einige Tage zu den Konventexerzitien in unserem Kloster Andechs. Das ist gerade für die Münchener Mitbrüder, die ansonsten ihren Lebensmittelpunkt mehr in der Stadt haben, eine besondere Zeit, da sie in dieser Woche intensiver in der Natur leben. Hinzu kommt die großartige Fernsicht ins umliegende Land, die man an schönen Tagen von unserem Kloster aus genießen kann. Im Süden ist die majestätische Alpenkette zu sehen vom oberbayerischen Wendelstein über das Karwendel- und Wettersteingebirge bis hin zum Grünten im Allgäu, davor der Hohe Peißenberg, Dörfer, Wiesen und Wälder. Im Westen liegt der Ammersee, der je nach Wetterlage seine Farben wechselt. Sowohl die Sonnenaufgänge als auch die -untergänge sind häufig ein spektakuläres, farbenfrohes Naturschauspiel, das einen in bewunderndem Staunen verstummen lässt. Auch aufziehende Frühlingsstürme können mit ihrer Kraft und Wucht faszinieren.

Gerne erinnere ich mich an einen Exerzitienmeister, der ein guter Freund unserer Gemeinschaft war und selbst in München lebte, wie dieser beim weiten Ausblick ins Land begeistert feststellte: »Hier will man für immer bleiben! Hier hat man das Evangelium gebaut!« Freilich mussten wir am Ende der Exerzitien wieder wie die Jünger vom Berg der Verklärung herabsteigen und in die Stadt aufbrechen. Der Geistliche nahm mich beim Abschied beiseite und empfahl mir: »In aller Enge der Stadt und des Alltags: Bewahre dir den Blick ins Weite!«

Letztlich ist das die Quintessenz unserer Gebirgstour durch das Matthäusevangelium, die nun auf dem letzten Gipfel als Erbe und Auftrag verkündet wird. Das Evangelium will uns ins Weite führen und uns etwas erahnen lassen von der grenzenlosen Liebe und Güte Gottes. Deswegen wurde Gott in seinem Sohn Mensch und deswegen durften wir mit diesem unterschiedliche Gipfel besteigen, um in aller Enge, die oft unser Leben und unseren Alltag prägt, uns den Blick in die Weite zu zeigen. »Bewahre dir den Blick für das, was hoch und heilig ist.« Diesen Perspektivenwechsel sollen wir immer wieder vollziehen, ihn für uns bewahren und ihn mit anderen teilen, dass auch sie das Beglückende des Evangeliums in ihrem Leben entdecken können: »Bei aller Enge: Bewahre dir den Blick ins Weite!«

Wenn Matthäus sein Evangelium mit einer Gipfelszene beschließt, dann werden wir nochmals mit den Jüngern zu einem absoluten Höhepunkt geführt, auf dem wie in einem Brennglas alle Gipfelbotschaften der anderen Berge aufblitzen, auf dessen Spitze gleichsam das ganze Evangelium kumuliert.

Es ist interessant, wie diese letzte Szene des Matthäusevangeliums beginnt: »Die elf Jünger gingen nach Galiläa auf den Berg, den Jesus ihnen genannt hatte« (Mt 28,16). Wenn wir die Osterszene am Grab, in der ein Engel den Frauen begegnete, nachlesen, dann stellen wir fest, dass dort kein Berg genannt wurde. Dort heißt es vom Engel nur: »Dann geht schnell zu meinen Jüngern und sagt ihnen: Er ist von den Toten auferstanden. Er geht euch voraus nach Galiläa; dort werdet ihr ihn sehen. Ich habe es euch gesagt« (Mt 28,7). Auch bei der Begegnung mit dem Auferstandenen war von keinem Berg die Rede, als dieser die Frauen beauftragte: »Fürchtet euch nicht! Geht und sagt meinen Brüdern, sie sollen nach Galiläa gehen, und dort werden sie mich sehen« (Mt 28,10). Anscheinend wussten die Elf, wohin sie gehen mussten, um ihren Freund aus Nazareth wiederzusehen. Auf ihrem gemeinsamen Weg sind sie selbstredend mit der Bergleidenschaft Jesu vertraut geworden. Sie wussten also, auf welchem Berg in Galiläa ihr Herr zu finden sein wird.

So verlassen die Elf Jerusalem und gehen nach Galiläa, d.h. sie gehen in ihre Heimat, in ihren Alltag, in den Ursprung des Evangeliums zurück. Hier am See mit seinen umliegenden Hügeln hat alles begonnen. Von daher ist der »Berg der Sendung« Epilog und Prolog des Evangeliums zugleich. Auf ihm dürfen die Jünger nochmals auf ihre gemeinsame Geschichte mit Jesus dankbar zurückblicken. Diese Rückschau ist ihr kostbares Erbe, das zugleich zu ihrem Auftrag wird: Nun sollen sie alles, was sie mit ihm erlebt haben, als Evangelium, als frohe Botschaft verkünden. Dadurch sollen sie Menschen in Galiläa beheimaten, d. h. in dem geistlichen Land, das sie mit Jesus durchwandert haben. Alle Begegnungen, Worte und Ereignisse, durch die sie mit ihm vertraut geworden sind, dürfen sie als frohe Botschaft weitergeben.

Auch für uns ist dieser letzte Berg Ort des dankbaren Rückblicks und ebenso Ort des spannenden Ausblicks. Wir dürfen uns fragen: »Welche Erfahrungen nehme ich von den zurückliegenden Gipfelerlebnissen mit? Wo ist dadurch mir in meinem Leben das Evangelium aufgestrahlt? Wie kann dieses Erleben zukünftig mein Leben prägen, sodass ich mir den Blick ins Weite bewahre und andere daran teilhaben lassen kann? Wie kann ich andere Menschen in Galiläa beheimaten?«

Auf dem Berg in Galiläa begegnen die Elf dem Auferstandenen. Indem sie sich vor Jesus niederwerfen, werden einerseits ihr großes Vertrauen und ihr tiefer Glauben nochmals deutlich. Sie erkennen in ihm den Sohn Gottes und erfüllen damit seine Weisung, die er auf dem Berg der Erprobung aussprach: »Vor dem Herrn, deinem Gott sollst du dich niederwerfen und ihm allein dienen« (Mt 4,10). Andererseits verweist Matthäus eigens darauf, dass einige Zweifel hatten. Das erinnert freilich an den dritten Gipfel und die anschließende Seesturmepisode, als Petrus mit Glauben und Zweifel auf dem See Jesus entgegenging. Die Botschaft am Ende des Evangeliums ist tröstlich. Auch nach der Ostererfahrung gibt es den Glauben nicht in Reinform. Christsein lässt Zweifel und Zwiespältigkeit in der Nachfolge zu. Vertrauen und Mutlosigkeit, Gewissheit und Zweifel, Zuversicht und Angst zeigen uns, dass wir wie die Elf in unserem Glauben gefährdet bleiben. Die Botschaft der Auferstehung ist faszinierend, da sie uns Leben in Fülle verheißt, und doch schleichen sich immer wieder kritische Fragen ein, »ob die Luft wirklich trägt«, um es mit Hilde Domin zu sagen. Wir bleiben im Glauben gefährdet!

Umso ermutigender ist es, dass es heißt: »Da trat Jesus auf sie zu« (Mt 28,18). Wie er auf dem Berg der Verklärung die Jünger aus ihrer Angst aufgerichtet hat, wie er Petrus aus dem See zog, wie er die Kranken heilte und wie er den Hungernden Brot gab, so geht er auch auf dem letzten Gipfel auf den Menschen zu, um ihn von Not, Angst und Zweifel zu befreien. Dieses Entgegenkommen Jesu ist die Grundbewegung Gottes zu uns Menschen, so lautet die Botschaft des ganzen Evangeliums, weil wir ihm »hoch und heilig« sind. Bei aller Diskontinuität auf unserer Seite bleibt Gott bis zuletzt dem Menschen treu. Er ist und bleibt der Menschenfischer, der uns herauszieht aus den Untiefen des Todes. Das ist die Zukunft, die der Auferstandene den Elf verkündet. Das ist unsere Zukunft: die ausgebreiteten Arme des Auferstandenen, seine Hand, die rettet!

Daher kann Jesus souverän feststellen: »Mir ist alle Macht gegeben im Himmel und auf der Erde« (Mt 28,18). Das erinnert an den ersten Gipfel, den Berg der Erprobung, auf dem Jesus allen Versuchungen widerstand, indem er auf seinen Vater verwies: »Ihm allein sollst du dienen.« Wenn wir diesem Wort vertrauen, dann brauchen wir keine Angst zu haben vor den scheinbar Mächtigen mit all ihren Versuchen, Menschen von sich abhängig zu machen. Wenn wir wie Benedikt Gott allein gefallen wollen, dann brauchen wir letztlich niemand anders mehr zu gefallen. Die Bindung allein an den, der souverän den Tod besiegt hat, genügt. »Mir ist alle Macht gegeben«, das bedeutet: »Habt keine Angst loszulassen und wie Abraham und Benedikt aufzubrechen!

Lasst los! Vertraut mir, ich habe alles in der Hand, auch euer Leben. Wenn ihr euch mir zuwendet, dann kann euch nichts passieren weder im Himmel noch auf der Erde.« Wer allein dieser Macht vertraut, der wird innerlich frei und kann seiner Sehnsucht nach Leben folgen, der kann loslassen im Vertrauen darauf, dass der Auferstandene Heil und Heilung schenkt, dass seine Hand uns hält.

Diesen Glauben, der uns zum Leben befreit, gilt es, weiterzugeben und zu verkünden, wie Jesus seine Jünger auffordert: »Darum geht zu allen Völkern und macht alle Menschen zu meinen Jüngern« (Mt 28,19). Dieser Auftrag erinnert freilich an den zweiten Gipfel, den Berg der Weisung, auf dem Jesus in der Bergpredigt gleichsam seine geistliche Landkarte ausbreitete und erläuterte. Indem auch wir das, was wir auf dem Berg der Weisung gehört haben, auf unser Leben übertragen, indem wir damit vertraut werden und ausstrahlen, was uns an diesem Jesus von Nazareth begeistert, können auch wir zu Wegweisern werden, zur einladenden Stadt auf dem Berg. »Gehend nun, macht zu Schülern alle Völker«, heißt es im griechischen Urtext wortwörtlich übertragen. Dabei kann uns Mose Vorbild sein, der im Gehen, d.h. indem er sich trotz aller Vorbehalte auf den Weg machte und auf diesem blieb, mit seinem Gott vertraut wurde. So wurde er zum Lehrer Israels, der beim Abstieg vom Berg viel von Gottes Barmherzigkeit ausstrahlte und Jahwe darum bat: »Zieh mit uns!« Nachgehend wie Benedikt, der seinen Mönchen geholfen hat, die Quelle bei sich zu finden, dürfen auch wir Menschen auf ihrem Weg der Gottsuche begleiten. Allein die vertrauensvolle Zusage »Ich glaube an dich! Grab bei dir nach!« kann helfen, verborgene Brunnen erneut zum Sprudeln zu bringen.

Damit aber können wir bei der nächsten Anweisung anknüpfen, die der Auferstandene seinen Jüngern auf dem Berg der Sendung gibt: »Tauft sie auf den Namen des Vaters und des Sohnes und des Heiligen Geistes« (Mt 28,19). Die Taufe ist das Grundsakrament für uns Christen. In der frühen Christenheit wurde dabei der Täufling drei Mal ganz und gar im Wasser untergetaucht. So ist es bis heute noch in den Ostkirchen üblich. Der Ritus verdeutlicht ausdrucksstark, dass die Taufe ein österliches Geschehen ist. Das Untertauchen im Wasser symbolisiert den Tod, das Auftauchen das neue Leben mit dem Auferstandenen. Nachdem beim Untertauchen die Luft angehalten wurde, empfängt der Täufling beim Auftauchen im befreienden Einatmen gleichsam den Lebensatem Gottes, d.h. seinen Geist. Durch das Bad der Taufe wird er gereinigt und bestärkt, bekommt er sein neues Leben geschenkt. All das vergegenwärtigt uns den dritten Gipfel, den »Berg der Rettung«. Dort wurde Elija aus seiner Lebenskrise herausgezogen und lernte, auf die leisen Töne seines Gottes zu hören. Durch die rettende Hand des Menschenfischers bekamen Petrus und Placidus das Leben neu geschenkt. »Taufend auf den Namen des Vaters und des Sohnes und des Heiligen Geistes« heißt es eigentlich im griechischen Urtext. Das bedeutet: Hier wird ein Vorgang beschrieben. Wir sollen Menschen hineinnehmen bzw. eintauchen in das Geheimnis Gottes, dass er der »Gott über uns« ist, der Vater, der auch in den Krisen auf uns schaut, dass er seine Hand ausstreckt im Sohn als »Gott mit uns«, der uns aus den Untiefen herauszieht, und dass er der »Gott in uns« ist, der belebende Atem auf unserem Weg. Das ist der Name, auf den wir getauft sind und dem wir vertrauen.

Diesen dürfen wir entsprechend der dritten Weisung des Auferstandenen auf dem »Berg der Sendung« anderen Menschen mitteilen und verkünden: »Lehrt sie, alles zu befolgen, was ich euch geboten habe« (Mt 28,20); oder wie es wortwörtlich übertragen heißt: »Lehrend sie, alles zu bewahren, wieviel ich euch geboten habe.« Wie auf dem vierten Gipfel, dem »Berg der Stärkung«, gilt es, das, was wir von Gott empfangen haben, d.h.

unsere sieben Brote, mit den Hungrigen unserer Zeit zu teilen. Wir dürfen das Evangelium nicht für uns behalten. Es soll auch anderen Menschen zum Lebensmittel werden, so wie Elischa mit seiner Glaubenskraft sich auf den toten jungen Mann einließ, ihm durch Wärme und Zuneigung nahekam und dadurch neues Leben weckte. Diese Weitergabe des Glaubens geschieht durch unser Tun, wenn wir wie Benedikt neue Lebensräume erschließen, indem wir mutig Grenzen überschreiten und liebevoll den Menschen, die sich verfehlen, eine neue Chance geben.

All das aber ist letztlich nicht unser Werk. Daran erinnert uns die großartige Zusage, die am Ende auf dem »Berg der Sendung« steht: »Seid gewiss: Ich bin bei euch alle Tage bis zum Ende der Welt« (Mt 28,20). Mit diesen Worten knüpft der Auferstandene an die Namensoffenbarung zu Beginn des Evangeliums an. Er ist der Immanuel, der Gott mit uns, der uns nie alleinlässt (vgl. Mt 1,23). Die Zusage des »Mit-Seins« Gottes ist die Klammer, die das Evangelium umspannt vom Anfang bis zum Ende. Wie der Geliebte, der voller Sehnsucht nach der Geliebten über die Berge und Hügel springt und an der Hauswand um seine Angebetete wirbt, so sucht Gott in Jesus immer wieder unsere Nähe und wirbt um unsere Liebe. Das wurde auf dem fünften Gipfel offenbar, auf dem sich Himmel und Erde begegneten und er uns als der geliebte Sohn präsentiert wurde. Die Zusage »Ich bin bei euch alle Tage bis zum Ende der Welt!« meint: Habt keine Angst vor dem Abstieg ins Tal! Habt keine Angst davor, in euren Alltag zurückzukehren! Habt keine Angst vor dem letzten Abgrund, dem Tod: Ich bin bei euch alle Tage bis zum Ende der Welt! Das ist letztlich die Vision Benedikts am Ende seines Lebens, dessen Herz in Gottes Liebe entrückt wird. Diese Liebe, die uns ins Weite führt, will uns motivieren, unseren je eigenen Lebensweg mit seinen Höhen und Tiefen im Vertrauen darauf zu gehen, dass am Ende Gottes ausgebreitete Arme uns erwarten.

Es ist bemerkenswert, dass Matthäus zum Abschluss seines Evangeliums von keiner Himmelfahrt berichtet: Jesus bleibt auf diesem Berg. Wir können ihn dort immer wieder in Galiläa aufsuchen. Damit ist es aber auch der Gipfel, auf dem auch wir einmal bleiben dürfen, wenn wir wie Jesus und mit ihm das tiefe Tal des Todes durchschritten haben.

Manchmal sage ich mir spaßeshalber, wenn ich Bekannte im benachbarten Dorf Erling bei Andechs besuche und den Heimweg ins Kloster auf dem Berg antrete: »Für mich geht es jetzt nur noch aufwärts!« Auch das dürfen wir auf unseren Lebensweg übertragen. Wenn wir heimgehen, dann geht es für uns nur noch aufwärts. Letztlich ist der Tod nicht der absolute Tiefpunkt, sondern der Gipfelpunkt unseres Lebens, da wir vom Auferstandenen erwartet werden. Welches Glück das einmal bedeuten wird, durften wir schon auf dem fünften Gipfel, dem »Berg der Verklärung« erleben. Er war der Vorgeschmack der Ewigkeit. Das ist der Ausblick, mit dem es nun gilt, die Gipfelbotschaften der anderen Berge zu verkünden. Diese Höhepunkte, die wir dort mit Jesus und den anderen Gottesmännern erleben durften, gleichen einem kostbaren Schatz, der uns hilft, den Blick ins Weite zu bewahren. So können wir zur Stadt auf dem Berg werden, indem wir strahlend hinabsteigen in unser konkretes Leben mit seiner jeweiligen Herausforderung.

Mein geistlicher Begleiter hat mir einmal den Rat gegeben, in schwierigen Alltagssituationen oder bedrängenden Problemen vor meinem inneren Auge schöne Bilder zu vergegenwärtigen. Das würde helfen, den Problemen nicht zu viel Macht über mich zu geben. Er hatte recht. Öfters habe ich schon die Übung angewandt, indem ich mir vor meinen geistigen Augen z.B. beeindruckende Gipfelbilder vergegenwärtigte. Diese haben mir wirklich geholfen, manches aus einem anderen Blickwinkel zu sehen. »Ich schaue auf zu den Bergen, von denen mir Hilfe kommt«

(Ps 121,1). Eigentlich ist es der Rat: »Bei aller Enge, bewahre dir den Blick ins Weite!« Auch dadurch kommt die Stadt auf dem Berg zum Leuchten, indem wir das Alltägliche nicht zu mächtig werden lassen, sondern uns die Sehnsucht nach den Bergen bewahren und das in den Blick nehmen, was hoch und heilig ist, damit Gott in allem verherrlicht wird (vgl. RB 57,9).

Literatur

Die biblischen Zitate und Texte sind der Einheitsübersetzung entnommen © Katholische Bibelanstalt GmbH, Stuttgart 1980

Die Texte aus der Benediktsvita sind entnommen: Gregor der Große, Der hl. Benedikt, Buch II der Dialoge, lateinisch/deutsch, herausgegeben im Auftrag der Salzburger Äbtekonferenz, St. Ottilien 1995. Die Zitate aus dieser Quelle werden mit dem Vermerk »Buch der Dialoge« nachgewiesen.

Die Zitate der Benediktsregel sind entnommen: Die Benediktusregel, lateinisch/deutsch, herausgegeben im Auftrag der Salzburger Äbtekonferenz, Beuron 1992. Die Zitate aus dieser Quelle werden mit der Abkürzung »RB« (Regula Benedicti) nachgewiesen.

Nelly Sachs, Eli. Ein Mysterienspiel vom Leiden Israels, in: dies., Zeichen im Sand, © Suhrkamp Verlag Berlin 1988, S. 82